NICOLE STANGE

WIE MAN MIT MÄNNERN SPRICHT

INHALT

BEKOMMEN, WAS SIE WOLLEN – AUF DIE LEICHTE ART

Spielen macht mehr Spaß als streiten und bringt Sie eher ans Ziel.

Sie wollen eine erfüllte Beziehung und mehr Glück mit Männern? Klar, welche Frau will das nicht? Hier kommt die Lösung: Lernen Sie so zu sprechen, dass Männer Sie hören! Nehmen Sie eine Haltung ein, die Ihnen Spaß bringt und die ihn groß macht. So bekommen Sie leicht und spielerisch, was Sie wollen, und Sie beide sind glücklich.

Genau darum geht es in diesem Buch. Ihre Anliegen sind meine Anliegen. Was Sie wollen, das will ich für Sie. In diesem Buch bin ich Ihr Coach. Und als Ihr Coach möchte ich unverbrüchlich, dass Sie all das bekommen, was Sie wollen.

Ich bin Ihr Coach und helfe Ihnen dabei, zu seinem Coach zu werden. Was das heißt? Darum geht es auf den nächsten Seiten.

So wie bekanntlich viele Wege nach Rom führen, gibt es natürlich auch viele Möglichkeiten, mit Männern zu sprechen. Es stellt sich auch die Frage, ob frau mit Mann überhaupt anders redet als mit ihren Geschlechtsgenossinnen. Vielleicht werden dabei bislang ganz selten Unterschiede gemacht. Und wir verpassen ganz wesentliche Feinheiten.

»Spricht man mit Männern wirklich anders?«

»Hahaha! Das muss ich wissen, den Schlüssel suche ich schon lange.«

»Klare Ansagen, was sonst?«

»Gibt es das auch für Männer – also eine Anleitung, wie man mit Frauen spricht?«

Das sind häufige Reaktionen auf den Seminartitel und es waren auch die Reaktionen, wenn ich den Buchtitel »Wie man mit Männern spricht« nannte. Männer und Frauen reagieren ganz unterschiedlich darauf. Es gab zum Beispiel Männer, die im Vorfeld des Trainings bei mir anriefen und mich ernsthaft davor gewarnt haben, ihre Frau gegen sie aufzuwiegeln. Einer dieser Männer rief nach dem Seminar erneut an und bedankte sich bei mir. Er und seine Frau hatten wieder eine Form gefunden, miteinander zu reden, und waren sich nach ihrem Training viel nähergekommen.

Viele Männer reagieren erstaunt bis abwehrend auf den Titel. Vermutlich steht die Befürchtung dahinter, manipuliert zu werden. Oder die Angst, dass wir Frauen uns zusammenrotten und über die »schrecklichen Männer« austauschen und uns womöglich Tipps geben, wie wir sie loswerden. Dass das alles nicht so ist, sondern dass es im Gegenteil um tatsächliches Verstehen und Verständnis füreinander geht, erschließt sich ihnen nur, wenn auch sie in der Neugier bleiben und nicht gleich eine Meinung darüber haben. So wie Sie hoffentlich auch.

Ein Kern von »Wie man mit Männern spricht«: Trainieren Sie Ihren »Spielmuskel« und Sie bewältigen alle Herausforderungen mit Freude und mit Leichtigkeit.

Ich glaube, Frauen würden auf ein Buch mit dem Titel »Wie man mit Frauen spricht« positiv reagieren. Zumindest wurde der Wunsch nach einem solchen Seminar schon oft laut. Es wäre doch sehr hilfreich, wenn Männer lernen wollten, mit uns zu sprechen, wenn sie bereit wären, sich anzuschauen, was in ihrer Kommunikation oder in ihrem Verhalten funktioniert und was nicht. In diesem Buch aber geht es um unsere Kommunikation mit ihnen, den Männern.

SPRICHT MAN MIT MÄNNERN ANDERS ALS MIT FRAUEN?

Brauchen Männer eine andere Ansprache als Frauen? Wird der weibliche Tonfall anders im Gespräch mit Männern? Verändert sich die Haltung?

Wie ist das bei Ihnen? Haben Sie darauf schon geachtet? Ich sage, dass Frau mit Männern anders reden muss, wenn sie gehört und verstanden werden will. Und vor allem dann, wenn sie Spaß an der Kommunikation und an ihm behalten möchte. Spaß macht es, ans Ziel zu kommen, zu bekommen, was man will – mit Leichtigkeit und voller Leidenschaft. Spaß macht es, zu verstehen und anzuwenden, was in der Kommunikation mit Männern funktioniert. Und sein zu lassen, was nicht funktioniert!

ZUERST KOMMEN SIE SELBST

Eine große Leidenschaft von mir ist es, Frauen in ihre Größe zu bringen und sie dabei zu unterstützen, sich das im Leben zu holen, was sie wollen. Ohne Kampf und mit viel, viel Leichtigkeit. Dafür trete ich seit vielen Jahren in meinen Coachings und Trainings an. Und genau damit beginnt deshalb auch dieses Buch – noch bevor es um die Männer und unsere Kommunikation mit ihnen geht.

Ich habe im Laufe meiner Berufspraxis so unglaublich viele inspirierende und großartige Frauen kennengelernt. Frauen jeder Generation, Akademikerinnen und Unternehmerinnen, Studentinnen, Familienfrauen, Angestellte, Selbstbewusste und schüchterne Frauen, Draufgängerinnen, beherzte Amazonen und die stillen Gewässer. Das Thema, wie es besser klappen kann zwischen Mann und Frau, war und ist bei ihnen allen ein Dauerbrenner.

»Was muss ich tun, damit er mich versteht?« »Wie kann ich mich anders verhalten und wie bekomme ich ihn dazu, sich anders zu verhalten?« »Ich will mich nicht laufend wiederholen …« »Wie schaffe ich es, mich nicht einschüchtern zu lassen?« »Wie bringe ich ihn dazu, mich auf Händen zu tragen?« »Was kann ich tun, damit er mir endlich einen Antrag macht?« »Warum soll ich mich um alles kümmern?« »Wie bekomme ich ihn dazu, mehr zu reden?« »Wie bleibt meine Beziehung spannend?« »Warum sieht er nicht, was ich will – interessiert er sich nicht dafür?« Das sind nur ein paar von den vielen spannenden Fragen, die mir immer wieder gestellt werden. In diesem Buch werden Sie die Antworten darauf finden. Nicht wie in einem Backrezept. Sondern in Form von Ideen und Anregungen, wie Sie etwas anders machen und formulieren können. Rezepte funktionieren mit Menschen nicht. Wir sind zu unterschiedlich. Wir Frauen und auch die Männer.

Jede Frau ist einzigartig. Und jede Frau kann erreichen, was sie will. Wenn sie weiß, was das ist, wenn sie lernt, sich nicht ablenken zu lassen, und wenn sie so spricht, dass sie verstanden wird.

WAS HEISST »SEIN COACH SEIN«?

Letztlich coachen sich in einer guten Beziehung beide. Ihr Mann könnte daher genauso gut Ihr Coach sein – doch dieses Buch richtet sich an Sie als Frau. Sie wollen etwas verändern – und als sein Coach machen Sie ihn groß, sind an seiner Seite und glauben an ihn. Es gibt kaum etwas, das für ihn wichtiger ist. Und es bindet ihn mehr an Sie.

»Weil ich es mir wert bin«

Die erste Lektion lautet: Ich zuerst. Denn nur,
wenn Sie sich wichtig nehmen, sind Sie auch
in der Lage, eine gute Beziehung zu führen.

LIEBEN SIE SICH SELBST, DANN KLAPPT'S AUCH MIT DER BEZIEHUNG

»Du bist, was du glaubst.«

OPRAH WINFREY

Sie sind der wichtigste Mensch in Ihrem Leben! Lassen Sie diesen Satz richtig auf sich wirken. Ich weiß nicht, in welcher Lebenslage Sie gerade stecken. Leben Sie in einer Beziehung oder allein? Frisch getrennt oder gerade neu verliebt? Mit Kindern oder ohne Kinder oder mit Beutekindern in einer Patchworkfamilie? Die Kinder sind gerade aus dem Haus, dafür ist ein Elternteil eingezogen? Egal wie und mit wem Sie leben, für wen Sie verantwortlich sind oder sich verantwortlich fühlen: Sie sind der wichtigste Mensch in Ihrem Leben! Sie selbst!

Wenn Sie sich nicht im Fokus haben, wer dann? Wenn Sie sich nicht ernst nehmen, wie können Sie erwarten, dass andere es tun? Wenn Sie respektlos mit sich selbst umgehen, warum sollten es andere dann unterlassen?

Sie sind die Sonne in Ihrem Universum. Ich habe noch keine Frau kennengelernt, die das – und damit sich – nicht ab und zu aus dem Auge verloren hat oder verliert. Und sich nur ab und zu aus dem Auge zu verlieren, ist schon fast ein kleiner Erfolg. Die meisten Frauen, die ich kennengelernt habe, beruflich oder privat, nehmen sich erst gar nicht in den Fokus. Wichtiger sind immer die anderen, und nicht für alle anderen in die Verantwortung zu gehen, mutet fast wie ein Verrat an. Doch sich selbst im Blick zu haben, ist kein Egoismus, der sich gegen andere wendet, es ist der Sinn am Eigenen. Der Eigensinn, der erst uns und dann die anderen nährt. Andersherum geht es nämlich nicht. Sind Ihre Batterien leer, tun Sie auch nichts mehr für andere. Sie sind wichtig! Ihre Akkus aufzuladen, sollte Ihr erstes Ansinnen sein!

Im Alltag geht dieser grundlegende Ansatz oft unter. Oder er wird erst gar nicht als fundamental betrachtet. Leider haben viele von uns ja auch lange gelernt oder sich abgeschaut, sich selbst nicht zu ernst zu nehmen. Erst die anderen, dann ich. Alles andere gilt heute noch bei vielen als egoistisch. Bescheidenheit zu zelebrieren statt einzufordern, was man will, abzuwarten statt in Aktion zu gehen. »Bescheidenheit ist eine Zier, doch weiter kommst du ohne ihr« – der Spruch gefällt mir da schon viel besser. Sie sollen weit kommen. Sie sollen so weit kommen, wie Sie es wollen. Dafür brauchen Sie volle Akkus.

Dass Sie sich selbst, Ihre Bedürfnisse und Anliegen wahr und ernst nehmen, ist die Grundlage für Ihr gelingendes Leben. Dass Sie sich gut um sich selbst kümmern und Ihre Wünsche im Blick haben, ist die Voraussetzung, dass Sie Ihre Beziehungen erfolgreich gestalten und das »Wie man mit Männern spricht«-Konzept mit Gewinn und Freude anwenden können.

Venus Williams, die Tennisspielerin, betonte in mehreren Interviews, »dass man an sich selbst glauben muss, wenn das schon sonst niemand tut – und einen das zum Gewinner macht.«

WISSEN, WAS MIR GUTTUT, UND DANACH HANDELN

Doch was heißt das eigentlich, die Akkus sollen geladen sein? Hier kommen gleich zweimal drei Fragen, die Sie darin unterstützen, Ihre Ressourcen und Akkus im Blick zu haben.

GANZ PRAKTISCH:
WAS FÜLLT IHRE AKKUS?

◇ Was tut Ihnen gut?

◇ Wobei entspannen Sie?

◇ Wann genießen Sie Ihr Leben am meisten?

Schreiben Sie sich eine Liste von mindestens zehn Dingen, die Sie richtig gern machen. Das kann sein: in der Sonne sitzen und Cappuccino trinken, sich mit Freundinnen treffen, einen Waldlauf machen, ohne Ziel durch die Stadt streifen ... Vielleicht wissen Sie ganz genau, was Ihnen guttut und was Ihre Akkus füllt. Oder Ihnen sind gerade schon ein paar Einfälle für die Liste in den Sinn gekommen.

Daran schließen sich die nächsten drei Fragen an:

◇ Wann haben Sie das letzte Mal etwas für sich gemacht?

◇ Wie regelmäßig tun Sie sich selbst etwas Gutes?

◇ Wie ernst nehmen Sie Ihre Termine fürs persönliche Aufladen? Genauso wichtig wie beispielsweise Ihre Geschäftstermine?

Sie ahnen bestimmt schon, worauf ich hinauswill. Auch hierbei ist das Wissen darum, was Sie brauchen, das eine, das andere ist die Umsetzung. »Kennen heißt nicht Können und Wissen heißt noch lange nicht Umsetzen« ist einer meiner Lieblingssätze. Sich selbst und Ihre Bedürfnisse wahr und vor allem wichtig zu nehmen, ist Ihre erste Verpflichtung sich selbst gegenüber. Das ist eine so schöne, angenehme und wertvolle Aufgabe! Und so schön und grundlegend sie ist, so ungewohnt ist sie auch für die meisten von uns Frauen. Ich gebe Ihnen ein Bild, das Sie gut als »Anker« nehmen können. Ein Anker ist die Verbindung eines Bildes oder Gegenstandes mit einem Gedanken, einer Erkenntnis oder einer Entscheidung.

Das Bild: Stellen Sie sich vor, Sie sitzen im Flugzeug. Bevor der Flieger startet, weist das Flugpersonal die Reisenden in die Sicherheitsbestimmungen ein. Irgendwann kommt dieser Part: »Im unwahrscheinlichen Falle eines Druckverlustes fallen die Sauerstoffmasken herunter. Ziehen Sie diese...« Na, wem zuerst über den Kopf? Neun von zehn Frauen vervollständigen diesen Satz, wenn ich im Training in die Rolle der Flugbegleiterin schlüpfe und den Spruch aufsage, mit »zuerst Ihren Kindern auf!« Stimmt aber nicht. Richtig heißt es: »Ziehen Sie diese zuerst sich selbst auf und helfen Sie dann Kindern und Hilfsbedürftigen.«

So stimmt es und nur so macht es Sinn. Sie brauchen den Sauerstoff, die Kraft zuallererst für sich selbst – und erst dann kümmern Sie sich bitte um die anderen. Tun Sie das nicht, geht Ihnen im wahrsten Sinne des Wortes die Luft aus. Und davon hat dann keiner mehr etwas. Wenn es Ihnen gut geht, geht es allen gut! Nicht umsonst gibt es diese Sprüche »Happy wife, happy life« oder »Geht's Mami gut, geht's allen gut«.

TIPP

Legen Sie fest, wann Sie was für sich machen wollen und werden! Behandeln Sie diese Termine wie Arzt- oder Geschäftstermine, tragen Sie sie unbedingt in Ihren Kalender ein. Seien Sie sich selbst gegenüber so verbindlich und verlässlich, wie Sie es zum Beispiel Ihrem besten Kunden oder Ihrer großen Liebe gegenüber sind.

DIE EIGENEN STÄRKEN (ER)KENNEN UND BENENNEN

Zu wissen, was Sie können, und es auch zu benennen, ist ebenfalls ein wesentlicher Teil der Selbstfürsorge und der Liebe zu sich selbst. Sobald Sie Ihre starken Seiten im Fokus haben, werden diese noch mehr wachsen. Es wächst, worauf wir unseren Fokus legen. Zu unseren Fähigkeiten zählen auch die Dinge, die uns leichtfallen. Aber oft bemerken und bewerten wir solche Fertigkeiten oder Talente schon gar nicht mehr als Stärken. Sie scheinen uns selbstverständlich. Doch dem ist nicht so, eine Tätigkeit oder Haltung muss uns nicht erst schwerfallen oder eine Last sein, um wertvoll zu sein. »Ach so, verlässlich zu sein ist eine Stärke, na dann! Für mich ist das selbstverständlich.« »Natürlich höre ich anderen zu, ist doch klar – das ist eine Stärke?« »Aber das ist für mich ganz natürlich, meine Ideen reinzugeben.« »Pünktlich bin ich immer, das gehört für mich dazu!« Das sind einige Aussagen von

Im Bewusstsein der eigenen Stärken gehen wir ganz anders durchs Leben: aufrechter und kraftvoller.

Frauen, als wir erstmalig über Stärken sprachen.

Ich habe die Erfahrung gemacht, dass viele Menschen sich davor scheuen, in ihre Größe zu gehen. Ich kann nicht definitiv sagen, warum das so ist. Es gibt wahrscheinlich Tausende von individuellen Gründen dafür. Von »Ich bin es nicht wert« und »Ich bin nicht gut genug« bis zum unausgesprochenen und oft auch unbewussten Verbot oder Tabu in der Familie, nicht besser sein zu dürfen als zum Beispiel der große Bruder.

Unsere Angst vor der eigenen Größe hält uns ab. Was heißt das? Haben wir Angst davor, großartig zu sein, stark, machtvoll? Geht diese Unsicherheit damit einher, dass wir vor der Verantwortung, wir selbst zu sein, zurückschrecken? Ist es die Angst vor Veränderung? Oder schlicht Bequemlichkeit? Persönliches

Wachstum passiert außerhalb der Sicherheitszone, in der Herausforderung. Das kennen Sie sicher. Dass Sie vor einer Sache wirklich Angst hatten und sie trotzdem durchgezogen haben. Wie haben Sie sich danach gefühlt? Großartig? Unschlagbar? Einen Kopf größer? Um zu wachsen, muss man seine Komfortzone verlassen. Doch was passiert dann mit uns und unserem bisherigen Leben? Die Komfortzone zu verlassen heißt auch, das Gewohnte zu verlassen. Die Sicherheit aufzugeben. Wie reagieren die anderen in unserem Umfeld auf unsere Veränderungen, werden sie an unserer Seite sein oder nicht? Viel zu häufig machen wir uns abhängig von der Bewertung der anderen. Lassen uns davon abhalten, Dinge zu tun, die wir tun wollen. Sachen zu sagen, die wir sagen wollen.

Kennen Sie diese Situation aus der Schule, der Uni, dem Job oder gar im Freundeskreis, wenn diskutiert wird? Sie wollen etwas sagen, halten sich dann aber doch zurück, weil ... und zwei Minuten später sagt ein anderer genau das, was Sie sagen wollten! Verlassen Sie auch hier Ihre Komfortzone, glauben Sie an sich und sagen Sie, was Sie denken. Es ist völlig okay, einmal etwas zu sagen, das vielleicht auch falsch ist. Die anderen vergessen das viel schneller als man selbst. Denn am Ende sind die meisten mit sich selbst beschäftigt. Was in diesem Fall heißt: Kein Mensch denkt darüber nach, ob das, was Sie gesagt haben, richtig oder falsch war. Jeder denkt nämlich meistens darüber nach, ob das, was er selbst gesagt hat, richtig oder falsch war und wie es wohl bei den anderen ankam. Nicht wissend, dass die anderen ja ebenfalls nur mit sich selbst ... Sie haben das Bild?

So kritisch, wie wir uns sehen, sieht uns niemand anders. Und so viel Beachtung, wie wir dem schenken, was wir sagen oder tun oder eben nicht sagen oder nicht tun, schenkt uns nie-

Im Hinterkopf dominieren uns oft die Fragen: »*Was denken die von mir?*« »*Bin ich gut genug, mich zu zeigen oder um mich zu Wort zu melden?*«

mand anders. Als ich das einmal durchschaut hatte, wurde ich direkt lockerer und viel entspannter, wenn es darum ging, »mich zu melden«. Ich machte mir einfach nicht mehr so viele Gedanken darüber, wie ich ankommen würde.

Machen Sie sich unabhängig davon, was andere meinen oder über Sie denken. Da fängt innere Freiheit an. Es ist so unglaublich entspannend, sich keine Gedanken mehr darüber machen zu müssen, »wie man ankommt«. Sie sind Ihre wichtigste Figur im Spiel – Sie erinnern sich? Damit werden Sie an manchen Stellen unbequemer für die anderen, doch dafür werden Sie komfortabler mit sich selbst. Virginia Satir sagte dazu, dass »wir nicht zulassen dürfen, dass uns die begrenzte Wahrnehmung anderer definiert.«

Als Coach ist es wichtig, diesen Zustand zu kennen und zu erkennen. Oft muss ich meine Klienten durch ihre Befürchtungen »durchschubsen«, damit sie sich trauen, ihre Box zu verlassen. Diese Angst, die Komfortzone zu verlassen, und ihre Überwindung ist für persönliche Weiterentwicklung unerlässlich. Denn nur so ist ein Wachstumsschub möglich. Und frei von Angst zu sein heißt, dann auch innerlich frei zu sein.

»Ich hätte nie gedacht, dass es so einfach sein kann zu bekommen, was ich will. Ich habe mich zu selten getraut zu sagen, was ich will. Unbewusst habe ich vielleicht immer gedacht, dass ich es nicht wert bin. Jetzt weiß ich, dass ich es bin.«
Monika, Seminarteilnehmerin

Und nebenbei bemerkt: Wenn wir uns die Erlaubnis geben zu wachsen, geben wir sie damit auch anderen Menschen. Wenn wir nicht in unsere Größe gehen, halten wir andere ebenfalls davon ab. Also geben Sie sich die Erlaubnis, Ihre Stärken zu zeigen. Trauen Sie sich, Ihre Komfortzone zu verlassen, und stellen Sie sich Ihren Herausforderungen. Sie sind größer, als Sie denken!

GANZ PRAKTISCH: ERKENNEN SIE IHRE STÄRKEN

Hier sind drei Fragen, die Sie darin unterstützen, Ihre Stärken als solche zu erkennen und zu benennen:

◇ Was fällt Ihnen leicht zu tun?

◇ Worin sind Sie unschlagbar und was kann man von Ihnen lernen?

◇ Worauf kann ein Mann sich besonders freuen, wenn er Sie kennenlernt oder Sie seine Partnerin sind?

NEHMEN SIE ES SPORTLICH

Wie gesagt: Ihre Anliegen sind meine Anliegen. Was Sie wollen, das will ich für Sie. Als Ihr Coach möchte ich zu 100 Prozent, dass Sie bekommen, was Sie wollen! Dafür sucht man sich einen Coach – und dafür haben Sie dieses Buch gekauft.

Coaching kommt aus dem Sport. Und diejenigen von Ihnen, die Sport machen oder einmal getrieben haben, wissen, dass das Trainieren immer wieder auch anstrengend sein kann. Verdammt anstrengend! Wenn man ein (sportliches) Ziel erreichen möchte, bedeutet das Anstrengung, Einsatz, Durchhaltevermögen. Hat man das Ziel dann erreicht, sind der Stolz und die Freude darüber riesig und die schweißtreibende Vorbereitung tritt in den Hintergrund. Glückshormone werden ausgeschüttet, beflügeln uns und tragen uns durch alles hindurch.

So ist es auch in den anderen Bereichen des Lebens. Wenn wir etwas erreichen wollen, tun wir etwas dafür. Manchmal ist dieses Tun unbequem und beschwerlich. Wenn wir dabei aber unser Ziel im Auge behalten, haben wir eine Chance. Wir machen uns klar: Wenn wir erst einmal »fit« sind, wird alles umso leichter, unbeschwerter und müheloser. Und deshalb nehmen wir die anfänglichen Mühen gern in Kauf. Wartet doch auf der anderen Seite der Ziellinie die Belohnung.

So wird es Ihnen dann und wann bestimmt auch mit diesem Buch gehen. Denken Sie daran, dass auch hier gilt: Ohne Fleiß kein Preis. Und das heißt schließlich auch: Der Preis wird kommen, wenn Sie fleißig dranbleiben.

»Wie man mit Männern spricht« verlangt Ihnen einiges ab und es gibt Ihnen so viel mehr zurück. Den ersten Schritt haben Sie getan und das Buch gekauft – herzlichen Glückwunsch! Ab jetzt haben Sie es in der Hand, Ihre Kommunikation mit Männern zum Erfolg zu führen. Das Buch fördert Ihre Bereitschaft, sich selbst neu zu betrachten und zu reflektieren. Es regt Sie immer neu dazu an, gewohntes Denken und Bewerten loszulassen und sich auf neue Sichtweisen einzulassen. Es motiviert Sie, von der Theorie in die Praxis zu wechseln, in Aktion zu gehen und das neu Gelernte auszuprobieren.

Probieren Sie die Anregungen, die Sie in diesem Buch unter dem Stichwort »Ganz praktisch« finden, und schauen Sie, was passiert.

Mein Job als Ihr Coach ist vielseitig: Ich werde Sie immer wieder daran erinnern, sich selbst wichtig zu nehmen. Sich selbst anzuerkennen. Sich Ihrer Stärken bewusst zu sein. Sie werden von mir Fragen gestellt bekommen, direkt und indirekt. Diese Fragen werden Sie zum Nachdenken anregen. Was wollen Sie und was wollen Sie wirklich? Was ist wichtig und was nicht? Was zählt im Leben und was zählt nicht? An welchem Punkt geht es Ihnen ums Ego und ums Rechthaben und wann laufen Sie Gefahr, das, was Ihnen wirklich wichtig ist, aus dem Auge zu verlieren?

TOUGH LOVE – FÜR SIE

Manchmal werde ich auch unbequem sein. Im Coaching sprechen wir dann von »tough love«. Denn ein Coach darf nicht nur ungemütlich sein, manchmal muss er es sogar sein. Er muss ja auch darauf hinweisen, was nicht funktioniert und wo es noch Potenzial gibt.

Deshalb muss ich manchmal auch Beispiele geben und Geschichten erzählen, die Sie eventuell schlucken lassen, Sie nachdenklich oder sogar auch ein wenig betroffen machen.

Besonders in den Kapiteln, wo es darum geht, was alles nicht funktioniert, und wo ich Sie dazu einlade, sich selbst und Ihre Handlungsweisen zu reflektieren, werden Sie diese Seite des Coachings kennenlernen. Doch auch an diesen Stellen bin ich an und auf Ihrer Seite.

Mein Ziel ist Ihr Ziel! Ich möchte, dass Sie »gewinnen«, dass Sie eine super Beziehung mit dem Mann Ihrer Träume gestalten und leben können und dass Sie ein erfülltes Leben haben.

Als ich mich selbst zu lieben begann

»*Als ich mich selbst zu lieben begann, habe ich verstanden, dass ich immer und bei jeder Gelegenheit, zur richtigen Zeit am richtigen Ort bin und dass alles, was geschieht, richtig ist – von da an konnte ich ruhig sein. Heute weiß ich: Das nennt man SELBST-BEWUSST-SEIN.*

Als ich mich selbst zu lieben begann, konnte ich erkennen, dass emotionaler Schmerz und Leid nur Warnungen für mich sind, nicht gegen meine eigene Wahrheit zu leben. Heute weiß ich: Das nennt man AUTHENTISCH SEIN.

Als ich mich selbst zu lieben begann, habe ich verstanden, wie sehr es jemand beleidigen kann, wenn ich versuche, diesem Menschen meine Wünsche aufzudrücken, obwohl ich wusste, dass die Zeit nicht reif war und der Mensch nicht bereit, und auch wenn ich selbst dieser Mensch war. Heute weiß ich: Das nennt man RESPEKT.

Als ich mich selbst zu lieben begann, habe ich aufgehört, mich nach einem anderen Leben zu sehnen, und konnte sehen, dass alles um mich herum eine Einladung zum Wachsen war. Heute weiß ich, das nennt man REIFE.

Als ich mich selbst zu lieben begann, habe ich aufgehört, mich meiner freien Zeit zu berauben, ich habe aufgehört, weiter grandiose Projekte für die Zukunft zu entwerfen. Heute mache ich nur das, was mir Freude und Glück bringt, was ich liebe und was mein Herz zum Lachen bringt, auf meine eigene Art und Weise und in meinem eigenen Rhythmus. Heute weiß ich, das nennt man EINFACHHEIT.

Als ich mich selbst zu lieben begann, habe ich mich von allem befreit, was nicht gesund für mich war, von Speisen, Menschen, Dingen, Situationen und von allem, das mich immer wieder hinunterzog, weg von mir selbst. Anfangs nannte ich das »gesunden Egoismus«, aber heute weiß ich, das ist SELBSTLIEBE.

Als ich mich selbst zu lieben begann, habe ich aufgehört, immer recht haben zu wollen, so habe ich mich weniger geirrt. Heute habe ich erkannt: Das nennt man BESCHEIDENHEIT.

Als ich mich selbst zu lieben begann, habe ich mich geweigert, weiter in der Vergangenheit zu leben und mich um meine Zukunft zu sorgen. Jetzt lebe ich nur noch in diesem Augenblick, wo ALLES stattfindet, so lebe ich heute jeden Tag, Tag für Tag, und nenne es BEWUSSTHEIT.

Als ich mich zu lieben begann, da erkannte ich, dass mich mein Denken behindern und krank machen kann. Als ich mich jedoch mit meinem Herzen verband, bekam der Verstand einen wertvollen Verbündeten. Diese Verbindung nenne ich heute HERZENSWEISHEIT.

Wir brauchen uns nicht weiter vor Auseinandersetzungen, Konflikten und Problemen mit uns selbst und anderen zu fürchten, denn sogar Sterne knallen manchmal aufeinander und es entstehen neue Welten.

Heute weiß ich: DAS IST DAS LEBEN!«

Charlie Chaplin an seinem 70. Geburtstag am 16. April 1959

MUSS MAN MIT MÄNNERN TATSÄCHLICH ANDERS SPRECHEN?

Die Sprache ist das Outfit unserer Gedanken – und seit wann tragen Männer und Frauen die gleichen Outfits?

Elsa, eine Kundin von mir, kam aufgewühlt und aufgebracht in meine Praxis. Sie hatte herausgefunden, dass ihr Partner fremdgegangen war, als er über Nacht außerhalb der Stadt auf einem Kongress war. Sie erzählte, dass sie die letzten Wochen zunehmend genervt und unzufrieden in ihrer Beziehung gewesen sei. Ihrer Formulierung nach verhielt er sich zu kindisch, zu emotional und wollte auch zu viel Nähe. Er brauchte sie und sie hatte das Gefühl, dass er wie ein Kind an ihren Rockzipfeln hing. Elsa ging immer mehr auf Distanz und wollte ihm so vermitteln, dass sie mehr Raum wollte und brauchte.

DIE LÜCKE IM MITEINANDER

Leider hat sie nicht mit ihm gesprochen und ihm erklärt, was für sie schwierig war, was sie anders haben wollte oder was sie sich wünschte. Vermutlich fühlte er sich in dieser Zeit zurückgewiesen, ungeliebt und ungewollt. Leider hat auch er nicht darüber gesprochen. Auch er hat es versäumt, seine Gedanken, Ängste und Wünsche zu formulieren.

Das Ergebnis war, dass er an einem Abend mit Kollegen gefeiert und zu viel getrunken hatte und dann fremdgegangen

war. Kein Verliebtsein, keine neue beste Freundin,»einfach nur«
geflirtet, fremdgegangen und sich Bestätigung geholt – so seine
Formulierung. Natürlich war Elsa unglaublich gekränkt und auch traurig.
Damit hatte sie nicht gerechnet. Wie konnte er sie und ihre Beziehung nur so verraten? Ihr erster Impuls war, sich auf der Stelle
zu trennen und ihm die Koffer vor die Tür zu stellen.

Ich fragte sie, was sie wirklich wolle, und sie antwortete:
»Dass es wieder gut ist zwischen uns.« Sie ließ die Wut nicht die
Überhand gewinnen, sondern wagte mit mir einen Blick auf die
Beziehung und ihr Verhalten der letzten Wochen. Sie konnte sich
eingestehen, dass sie aus der Verbindung gegangen war und ihn
immer wieder abgelehnt hatte. Achtung – das ist überhaupt keine
Entschuldigung für sein Fremdgehen! Es ging darum herauszufinden, was mit der Verbindung, der Beziehung der beiden passiert war, dass es zu so einer Situation kommen konnte. Eine un-
terbrochene Verbindung schafft
leider immer eine Lücke, die
dann auf die eine oder andere
Weise gefüllt werden kann.

*Wenn die Kommunikation
abbricht, wird die Verbindung
brüchig. Diese Lektion hat Elsa
begriffen.*

In den folgenden Wochen
hat Elsa gelernt, ihre Wünsche
ernst zu nehmen und zu formulieren. Und zwar so, dass ihr Partner sie hören und verstehen kann. Sie hatte die Größe, die Vorwürfe wegzulassen. Sie hat ihn für seinen Wunsch nach Nähe
nicht mehr als falsch hingestellt, sondern verstanden, dass Nähe
für ihn ein Liebesbeweis war. Er hat verstanden, dass sie ihre
Liebe anders zeigt und immer wieder Abstand, Zeit und Raum
für sich braucht, um dann wieder Nähe zulassen zu können.
Beide haben begriffen, dass sie unterschiedlich sind und unterschiedliche Bedürfnisse haben und dass das nichts mit der Qualität der Liebe oder damit, wer mehr liebt, zu tun hat.

Elsa hat wieder angefangen, ihn für das anzuerkennen, was
er tut und wie er ist, und aufgehört, ihn ändern zu wollen. Er

hat ihr zugehört und ihr wieder mehr Raum gegeben. Sie haben gelernt, behutsamer und aufmerksamer miteinander umzugehen und die Bedürfnisse des anderen ernst zu nehmen.

SELBSTBEWUSST ZU KOMMUNIZIEREN IST ATTRAKTIV

Wie gewinnt man eigentlich Männer? Es ist nicht das Aussehen. Es ist auch nicht der Charme. Es ist die Art, wie wir Frauen kommunizieren. Ihre Kommunikation ist entscheidend dafür, ob Sie Zugang zum Herzen eines Mannes finden. Und ob Sie es dann geöffnet bekommen und es schaffen, dass sein Herz offen bleibt.

Zu sagen, was man will und sich wünscht, in einer Art, die durchsetzungsstark und dabei weder aggressiv noch angefressen ist, das ist zielführend. Eine Frau, die sich durchsetzen kann, ist und wirkt selbstbewusst. Eine relaxte Selbstverständlichkeit ist sexy und anziehend für die »guten Männer« – und das sind die Männer, die uns interessieren (sollten).

Aggressivität und Schärfe hingegen schlagen ihn entweder in die Flucht oder laden zum Kampf ein. Genauso wie Druck. Druck drückt weg oder erzeugt Gegendruck.

Der Mann ist, wie er ist, und nicht so, wie Sie sich denken oder wünschen, dass er sein sollte. Wenn sich ein Mann von Ihnen nicht respektiert fühlt, werden Sie nie eine enge oder intime Beziehung zu ihm herstellen. Ihnen wird niemals seine ungeteilte Aufmerksamkeit zuteilwerden und Sie werden kein tieferes Interesse wecken.

Sie können Ihr Leben damit verbringen, gegen die Männer zu kämpfen, oder damit, sie ändern zu wollen. Oder Sie beginnen hinzuschauen und zu verstehen, was Männer dazu bringt, uns Frauen zu lieben, zu unterstützen und die besten Partner der Welt zu sein. Eine Frau, die weiß, »wie man mit Männern spricht«, kann den Mann, den sie will, beeinflussen und sie kann ihn bekommen. Ganz ohne Tricks. Ohne Minirock und Highheels. Sie kann natürlich beides tragen, das ist kein Hindernis, doch entscheidend ist »ihre Sprache« und der Ton, in dem sie mit Männern spricht.

TREFFEN SIE EINE WAHL

Holen Sie sich die Einsichten, die ich für Sie zusammengetragen habe – aus Tausenden Gesprächen mit Frauen und Männern und Hunderten von Trainings zu diesem Thema. Nehmen Sie sich Zeit für das Buch, lesen Sie langsam, arbeiten Sie es durch. An vielen Stellen werden Sie sich und Ihre Verhaltensmuster wiedererkennen.

Es wird Aha-Erlebnisse geben und vielleicht sogar kleine Schockmomente. »Oh je – was habe ich alles falsch gemacht!«, wird Ihnen vielleicht durch den Kopf gehen. Und das ist perfekt! Auch ich hatte beim Schreiben dieses Buches und beim Aufschreiben der vielen Hinweise und Erfahrungen immer wieder Momente der Selbsterkenntnis. Diese Momente sind nicht immer angenehm, doch sie öffnen die Augen und schaffen die Bereitschaft, an sich zu arbeiten und das Verhalten und die Kommunikation zu verändern.

Also machen Sie sich bereit, die eigene Firewall herunterzufahren. Gehen Sie mit Offenheit, Neugier, viel Humor und einem liebevollen Blick auf sich selbst an die Lektüre dieses Buches.

DIESES BUCH IST WIE EIN SPIEGEL

Dieses Buch speist sich aus jahrzehntelangen Erfahrungen mit dem Kommunikationstraining für Frauen »Wie man mit Männern spricht«, zahlreichen Paarseminaren sowie Tausenden Stunden Einzelcoaching mit Männern und Frauen rund um das Thema wertschätzende Kommunikation zwischen Liebespartnern. Es ist kein Theoriebuch und deshalb werden Kommunikationstheorien weder dargestellt noch erläutert.

Sie werden wahre Geschichten lesen, Beispiele bekommen für eine Kommunikation, die nicht funktioniert, und konkrete Tipps und Anweisungen, die funktionieren.

Damit gewähre ich Ihnen Einblicke in das, was sonst nicht erzählt wird, in das, was sonst kaum einer zugibt.

Ich werde Ihnen einen Spiegel vorhalten – direkt und liebevoll zugleich. In diesem Spiegel können Sie sich selbst reflektieren. Sie erkennen, ob Ihr Verhalten ans Ziel führt oder nicht. Und Sie erhalten wertvolle Hinweise darauf, wie Sie Ihre Ziele erreichen können. Darauf, was in Ihrer Kommunikation funktioniert und was nicht. Alltagspraktisch, sofort umsetzbar und dabei humorvoll.

Und natürlich muss es darüber hinausgehen. Denn Kommunikation ist Haltung und unsere Haltung wird beeinflusst von unseren Erfahrungen, unserem Selbstbild, unserem Selbstwert. Wenn Ihr Selbstwert stimmt, haben Sie eine andere Performance, oder? Sie nehmen Dinge weniger persönlich, sind schlagfertiger, humorvoller … und dann sind Sie wahrscheinlich auch erfolgreicher.

Ist Ihr Selbstwert hingegen gering, und das ist manchmal auch nur von der Tagesform abhängig, reagieren Sie empfindlicher, können Attacken weniger gut parieren, setzen sich schlechter durch, neigen dazu, in die Opferrolle zu schlüpfen. Sie haben das Bild?

GANZ PRAKTISCH:
IHR SELBSTWERT

Es geht in diesem Buch auch darum, zu erkennen und zu reflektieren, wie hoch Ihr Selbstwert ist. Wie schätzen Sie sich selbst ein? Können Sie zum Beispiel auf Anhieb drei Ihrer Stärken benennen? Können Sie drei Dinge nennen, für die Sie sich schätzen oder lieben?

Die Frage ist auch: Lieben Sie sich selbst oder warten Sie darauf, geliebt zu werden?

Das Buch ist auch ein Arbeitsbuch, denn es lädt Sie ein, an sich zu arbeiten: an Ihrem Verhalten, Ihrer Haltung, Ihrem Selbstwert und Ihrer Kommunikation. Es kann ein Wendepunkt sein für Ihre Wahrnehmung, Ihr Handeln und Ihre Ergebnisse im Zusammensein mit Männern.

Sie werden auf den folgenden Seiten Geschichten lesen, Tipps bekommen und Instrumente kennenlernen. Sie entscheiden, was Sie anwenden wollen. Die Instrumente funktionieren, wenn Sie sie konsequent nutzen.

Es geht dabei nicht darum, ob irgendetwas fair ist, wie es ist. Bestimmt kommen Sie immer wieder an den Punkt, an dem Sie denken: »Warum soll ich das machen oder etwas an meinem Verhalten ändern?« Die Antwort: Einfach deshalb, weil es funktioniert und Sie ans Ziel bringt, dahin, wohin Sie wollen. Das macht nicht immer Spaß und ist manchmal auch anstrengend, doch am Ende zählt, dass Sie erreichen, was Sie sich vorstellen. Und wenn Sie dann erst einmal am Ziel sind und immer mehr von dem haben und erleben, was Sie wollen, sind die vorangegangenen Anstrengungen schnell vergessen. Steht man erst mal auf dem Berg und bewundert die Aussicht, ist der beschwerliche Aufstieg augenblicklich Schnee von gestern. Sie wissen selbst: Je öfter man den Aufstieg nimmt, desto besser trainiert ist man und umso leichter fällt er. So ist es auch mit den Werkzeugen in diesem Buch. Am Anfang ist vielleicht einiges ungewohnt und auch unbequem. Doch mit der Übung kommt die Routine und immer mehr gelingende Situationen …

… und immer neue Belohnungen! Ich verfolge einen ganz pragmatischen Ansatz: Gemacht wird, was funktioniert – weggelassen wird, was nicht funktioniert. Hört sich ganz einfach an, ist es aber leider nicht immer. Denn oft stehen wir uns selbst im Weg. Wir verlieren das eigentliche Ziel aus dem Auge. Wollen recht haben, anstatt eine Lösung zu finden. Wir wissen genau, dass das eigene Timing oder der Ton nicht funktionieren, und sprechen das Thema trotzdem gerade jetzt und in diesem Ton an, der nicht zielführend ist.

SCHWARZ UND WEISS … UND BUNT

Ich mache oft Generalisierungen, nicht weil ich denke, dass die Welt in Schwarz und Weiß einzuteilen ist, sondern weil Generalisierungen helfen, Muster zu erkennen. Erkenne ich ein bestimmtes Muster, mein eigenes Kommunikationsmuster oder das einer anderen Person, ist es mir möglich, es zu verändern oder einzugreifen.

Neulich wurde ich erst wieder gefragt, ob ich in meinen Trainings »Wie man mit Männern spricht« stark mit Stereotypen arbeite. Ja, denn Stereotypen helfen, Muster klar aufzuzeigen. Deshalb bediene ich mich einiger gängiger Stereotypen. Es geht um die Unterschiedlichkeiten im Verhalten, in der Kommunikation und in der Wahrnehmung bei Männern und Frauen. Es geht aber selbstverständlich nicht darum, erneut Schubladen aufzumachen und Menschen dann nach Geschlecht einzusortieren. In erster Linie ist es mir wichtig, dass Männer und Frauen wieder neugieriger aufeinander werden. Dass sie neugierig sind, bleiben oder werden, wie das andere Geschlecht oder schlicht das Gegenüber tickt. Eine anerkennende Haltung einzunehmen, tolerant zu sein und den jeweils anderen so zu akzeptieren, wie er ist, ist dabei grundlegend.

Ich habe mit einigen Tausend Frauen zu dem Thema »Wie kommuniziere ich mit Männern« gearbeitet. Und in jedem einzelnen Rollenspiel, in jeder einzelnen Diskussion und von jeder einzelnen Frau habe ich unendlich viel gelernt. Außerdem bestätigt sich in jedem Training aufs Neue, dass es eben einfach darauf ankommt, den Ton zu treffen und konsequent das zu machen, was funktioniert. Doch wie sehe und bemerke ich, ob ich den Ton treffe? Oft folgt das Feedback ja erst später oder in anderen Zusammenhängen.

Eine der häufigsten Fragen, die ich in meinen Trainings höre, ist aber nicht etwa »Wie erkenne ich das mit dem Ton?«, sondern »Warum bin überhaupt ich für den Ton zuständig?« Am Anfang steht also die Bereitschaft nachzugeben, sich darauf einzulassen, die Verantwortung für die Kommunikation zu übernehmen. Denn das ist es, was funktioniert. Es ist nicht immer fair und gerecht verteilt – doch es geht um das, was im realen Leben funktioniert.

VIEL VERGNÜGEN!

Ich wünsche Ihnen einen hohen Erkenntnisgewinn und großen Spaß beim Lesen der folgenden Kapitel. Bleiben Sie neugierig und lassen Sie sich darauf ein, manches einmal aus einer anderen Perspektive zu betrachten.

WIE ALSO SPRICHT MAN
MIT MÄNNERN?

Sein Coach werden Sie mit fünf Coachinginstrumenten, die ich Ihnen in den folgenden Kapiteln vorstellen werde. Vielleicht wundern Sie sich immer noch, warum Sie Ihren Mann coachen sollen. Warum sein Coach? Nun, es ist der Weg, auf dem Sie ihn am allerbesten unterstützen können – was am Ende hundertprozentig auch Ihnen zugutekommen wird. Die optimale Win-Win-Situation. Ein Coach holt das Beste aus seinen Spielern raus, er glaubt an sie und er gibt ihnen Feedback, er macht sie groß und er sagt ihnen genau, war er von ihnen will. Er nimmt nichts persönlich, er bleibt im Spiel und tut das, was getan werden muss. Er lässt sich nicht von negativen Gefühlen oder Befindlichkeiten gefangen nehmen. Denn er hat das Ziel fest im Blick. Sein Fokus ist konsequent auf der »Habenseite« und auf den Sachen, die funktionieren. Männer lieben ihre Coaches, denn sie bringen das Beste in ihnen hervor!

DIE FÜNF INSTRUMENTE

Die Coachinginstrumente, um die es bei »Wie man mit Männern spricht« geht und die auch die folgenden fünf Kapitel ausmachen, sind:

◇ Leichtigkeit

◇ Anerkennung

◇ Klarheit

◇ Neugier

◇ Disziplin

Ich werde Sie daran erinnern, dass man mit Leichtigkeit mehr erreicht als durch Druck und dass Sie mit Humor ihn und ihre gute Laune behalten.

Sie werden erfahren, dass Anerkennung für Männer sehr wichtig ist und dass Lob keine Anerkennung ist. Und dass Sie wissen sollten, welche Anerkennung bei Ihrem Mann gut ankommt. Es gibt nicht die eine Anerkennung, die immer und bei jedem Mann funktioniert. Oder vielleicht doch – finden Sie es heraus! Dafür brauchen Sie Ihre Neugier! Und die Lust am Entdecken, ihn und sich selbst.

Sie werden hoffentlich neugierig darauf, Dinge anders zu sehen, neu zu bewerten und auszuprobieren.

Dass Klarheit ans Ziel führt, ist Ihnen bestimmt hinlänglich bekannt, trotzdem sind Sie sich wahrscheinlich nicht immer drüber im Klaren, was Sie tatsächlich wollen und welche Haltung und Formulierung ans Ziel führt. Freuen Sie sich auf direkte Hinweise und Beispiele in den folgenden Kapiteln.

Last but not least werden Sie lesen, dass Disziplin in der Beziehung zu mehr Intimität führt und sogar Spaß macht. Ohne Disziplin ist alles nichts und kein Weg führt nach Rom. Machen wir uns also auf den Weg.

Instrument eins: Leichtigkeit

Wenn Männer gefragt werden, was sie sich von Frauen wünschen, nennen sie sehr häufig und auch oft als einen der ersten Punkte den Humor. Mit der Partnerin lachen können, das ist ihnen ganz wichtig. Lachen bedeutet Leichtigkeit, gute Stimmung, eine lockere Atmosphäre. Behalten Sie daher immer Ihr Augenzwinkern und nehmen Sie nicht alles so persönlich. So hat er mehr Spaß mit Ihnen – und Sie mit ihm.

LACHEN SIE!
GEMEINSAM!

*»Nachdem Gott die Welt und Mann und Frau
erschaffen hatte, erfand er den Humor,
um das Ganze vor dem Untergang zu bewahren.«*

GUILLERMO MORDILLO

Lachen mit Grund oder ganz ohne Grund. Grundlos glücklich
sein. Ich möchte, dass Sie viel zu lachen haben. Dass Sie voller
Freude leben. Morgens im Bett die Augen aufschlagen und sich
auf den Tag freuen – das ist herrlich und so soll jeder Morgen
für Sie beginnen. Der Humor ist eine ganz wunderbare Fähigkeit unserer Spezies. Laut Wikipedia ist Humor die Begabung
eines Menschen, der Unzulänglichkeit der Welt und der anderen, den alltäglichen Schwierigkeiten und Missgeschicken mit
heiterer Gelassenheit zu begegnen.

Es ist belebend und schön, mit dem Partner zu lachen und
Freude zu haben. Und wenn man gemeinsam in diesem Humor-
modus steckt, bleibt auch der Fokus viel leichter und selbstver-
ständlicher auf den Stärken des
anderen. Am Beginn einer Liebe
wird viel gelacht. Frisch Verliebte
sind bereit, sich über die Anek-
doten des anderen zu amüsieren. Alles ist liebenswert und das Lachen liegt jederzeit bereit auf den Lippen.

*Gemeinsam zu lachen, schafft eine
unglaublich gute Verbindung.*

Lachen ist gesund, das ist nicht nur eine alte Volksweisheit.
Tatsächlich lässt sich die positive Wirkung des Lachens auch aus
medizinischer Sicht belegen: Lachen verbessert die Lungenfunk-

tion und versorgt das Gehirn mit Sauerstoff. Lachen entspannt und steigert das Wohlbefinden. Durch Lachen wird die Immunabwehr gesteigert und Stresshormone werden abgebaut. Und Lachen schafft Nähe.

Genau deshalb sind das Lachen und die Leichtigkeit in der Liebe so bedeutsam. Stress kann quasi weggelacht werden. Fünfe gerade sein lassen, nicht alles auf die Goldwaage legen, sondern es im wahrsten Sinne des Wortes »leichter« nehmen. Mit Lachen ist es ganz einfach, Nähe und innere Verbundenheit herzustellen. Wie hinlänglich bekannt ist, sind Männer und Frauen unterschiedlich, und das ist gut so. Und statt die Unterschiedlichkeit des anderen zu bekämpfen, ist es besser, sie zu akzeptieren und eben manchmal auch darüber zu lachen. So bleiben Sie beide in Ihrer Leichtigkeit. Ohne Humor wären wir verloren. Doch gerade dann, wenn wir ihn am nötigsten brauchen oder die Situation ihn am meisten erfordert, ist er meist wie weggeblasen.

AUGEN AUF – UND LACHEN!

»Bevor mein Mann und ich aufstehen, lachen wir erst einmal eine Runde. Jeden Morgen. Es gibt immer etwas zu lachen. Zumindest finden wir immer etwas. Wir erinnern uns an eine lustige Episode oder stellen uns etwas Lustiges vor. Besser kann der Tag gar nicht anfangen.«

»Die beiden haben es geschafft«, habe ich damals, als Pia das in einem Training erzählte, total beeindruckt gedacht. Und das denke ich heute noch. Wie genial und wie einfach: sich kurz füreinander und zum Lachen Zeit zu nehmen. Da fängt der Tag anders an als mit dem Blick aufs Handy, um die Mails zu checken, die Nachrichten oder die Posts bei Facebook.

DIE KUNST, NICHTS PERSÖNLICH ZU NEHMEN

»Du fängst mehr Fliegen mit Honig als mit Essig.«

MEINE SCHOTTISCHE KOLLEGIN JANICE FREI NACH MAE WEST

Einer der größten Feinde des»Leichtseins« ist die Angewohnheit, die Dinge persönlich zu nehmen. Sobald wir etwas persönlich nehmen, sind Leichtigkeit und Humor wie weggeblasen. Was eben noch lustig schien, ist jetzt nur noch schräg. Gemeinsam lachen? Von wegen! Hier gibt's nichts mehr zu lachen.

Dabei ist eine Sache, die sich Männer von Frauen sehr wünschen, Humor und die Fähigkeit, eben nicht alles so persönlich zu nehmen. Sie merken schon, das wird spannend.

SIE SIND ES, DIE LEIDET

Als ich neulich in einem Training das KISS-Prinzip – Keep It Short and Sweet – und die Wichtigkeit des Humors erläuterte, lachte eine Teilnehmerin in einem Moment der Selbsterkenntnis laut auf:»Das mit dem ›Short‹ bekomme ich mittlerweile schon hin, das ›Sweet‹ ist echt schwierig in stressigen Situationen. Ich merke gerade, dass mir dann immer wieder die Leichtigkeit verloren geht. Ich werde dann hart und unnachgiebig.«

Ich fragte sie, für wen das am schwierigsten oder am anstrengendsten sei, wenn sie in diesen Modus kommt. Sie antwortete:»Für mich selbst. Natürlich ist es auch für meinen Partner oder mein Umfeld blöd, wenn ich humorlos bin und alles auf die Goldwaage lege. Für mich ist es aber am ätzendsten, weil ich mich verändere und plötzlich bin, wie ich nicht sein möchte. Wie der schlimmste Ableger meiner Art.« Damit hatte sie einen wichtigen Punkt benannt. Für Sie selbst und für Ihr Wohlgefühl ist wichtig, dass Sie humorvoll bleiben. Mit Humor bleiben Sie in Ihrer Leichtigkeit, fröhlich und sweet – und das fühlt sich deutlich besser an als ärgerlich, verbissen und kurz angebunden. Welche Frau kennt das nicht? Das Erschrecken darüber, dass sie plötzlich klingt, wie sie nie klingen wollte. Diese unzufriedene und nörgelnde »Zicke«, von der sie immer sicher war, dass sie nie so sein könnte oder so agieren würde. Und plötzlich ist sie da, diese andere Frau. Sie schaut sie aus dem Spiegel direkt an und tönt ihr wie ein Schreckgespenst entgegen. Oder noch schlimmer: Ihr Partner bestätigt ihr, dass sie gerade genau so ist, wie sie definitiv nie sein wollte. »Du klingst wie deine Mutter.« Wer will das schon hören?

Die Bereitschaft zu lachen nimmt die Schärfe aus Situationen, die sonst eventuell eskalieren oder zumindest aus dem Ruder laufen würden. Um Ihre

Wie bereits Joachim Ringelnatz befand, ist »Humor der Knopf, der verhindert, dass uns der Kragen platzt«. Wenn der Kragen nämlich erst einmal geplatzt ist, macht es viel Mühe und kostet es viel Zeit, ihn wieder zu reparieren.

Leichtigkeit und Ihren Humor zu bewahren, brauchen Sie die Fähigkeit, inneren Abstand zu halten oder diesen Abstand zumindest zeitnah wiederherzustellen. Lassen Sie sich von Ihren negativen Gefühlen gefangen nehmen, werden Sie zur Geisel der Umstände. Machen Sie sich immer wieder klar: Alles, was außerhalb Ihres Einflussbereichs liegt, können Sie nicht verändern. Was Sie beeinflussen können, ist Ihre Einstellung dazu. Sie können das Wetter nicht verändern, doch Sie können praktische Kleidung wählen. Am Ende entscheiden Sie sich auch in jeder Situation, ob Sie sich ärgern oder nicht. So bleiben Sie innerlich frei. Das hört sich gut an – doch wie geht das?

DER PRAKTISCHE WEG DORTHIN, WO SIE NICHTS MEHR PERSÖNLICH NEHMEN

Es klingt leicht und tatsächlich ist es eine Sache, die manchen leichter und anderen schwerer fällt. Es gibt Naturtalente, die nichts oder sagen wir: fast nichts persönlich nehmen und in den meisten Situationen humorvoll und locker bleiben. Alle anderen, denen das nicht in die Wiege gelegt wurde, können sich dahin entwickeln.

Für das Kunststück, nichts (oder immer weniger) persönlich zu nehmen, spielt ein Faktor eine maßgebliche Rolle – und um den ging es hier ganz am Anfang schon einmal: ein stabiles Selbstwertgefühl.

Daher mein wichtigster Rat, vielleicht der wichtigste des gesamten Buches: Hegen und pflegen Sie Ihren Selbstwert. Denn auch hier gilt: Wenn Sie es nicht tun, tut es niemand. Im Folgenden finden Sie einige Übungen, die Sie darin unterstützen, Ihren Selbstwert wachsen zu lassen. Je besser es Ihnen geht und je selbstsicherer Sie sind und sich fühlen, desto weniger berühren Sie Angriffe oder Attacken, wenn sie denn mal auf Sie zukommen. Sie nehmen weniger persönlich – und Ihre Beziehungen sind deutlich entspannter.

GLÜCK IST EINE ENTSCHEIDUNG

Ob Sie in jedem einzelnen Moment glücklich sind oder nicht, ist ziemlich irrelevant. Es kommt darauf an, dass Sie entscheiden, sich innerlich weiterzuentwickeln oder eben nicht. Sich zu entwickeln – das macht nämlich glücklich! Und Glück ist keine Begleiterscheinung, sondern eine Entscheidung!

Es liegt an Ihnen, die Verantwortung für Ihren Gemütszustand zu übernehmen. Immer wieder neu. Menschen, die sich mit guten Gedanken Glück und Zufriedenheit in ihr Leben

GANZ PRAKTISCH:
DEN SELBSTWERT FÜTTERN

Füttern Sie Ihren Selbstwert täglich. Schreiben Sie sich beispielsweise jeden Abend drei Dinge auf, für die Sie sich anerkennen. Seien Sie dabei genau. »Das habe ich gut gemacht« reicht mir als Ihr Coach nicht. Was genau haben Sie gut gemacht? Der Tag ist gut gelaufen? Was haben Sie aktiv dafür getan, dass der Tag gut gelaufen ist?

Sie werden durch diese Übung wacher und aufmerksamer dafür, was Sie täglich tun und was funktioniert. Für diese vielen kleinen Selbstverständlichkeiten, die dafür sorgen, dass es läuft, und ohne die es nicht laufen würde. Ehe Sie sich versehen, wird sich auch Ihr innerer Kompass auf die positiven und gelingenden Aspekte einstellen. Ist doch klar: Wenn Sie abends aufschreiben »müssen«, was funktioniert hat, sind Sie tagsüber (auch unbewusst) wachsam dafür. Als natürliche Konsequenz tritt ein, dass die positiven Aspekte mehr werden, denn es wächst immer, worauf der Fokus liegt.

Und ich komme Ihnen noch mal mit den Stärken, weil es so entscheidend ist. Schreiben Sie fünf Ihrer Stärken auf, die Sie selbst sehen. Charakterzüge, Fähigkeiten, Erlerntes:

◇ 1. Stärke:

◇ 2. Stärke:

◇ 3. Stärke:

◇ 4. Stärke:

◇ 5. Stärke:

holen, kennen nicht nur ihre Talente. Sie akzeptieren auch kleine Schwächen und Makel und betrachten Krisen als Herausforderungen und neue Chancen.

Es sind nicht die großen Entscheidungen und Meilensteine, die Ihr Leben letztendlich bestimmen, sondern die Summe Ihrer Angewohnheiten, die Sie Tag für Tag pflegen. Sind Sie jeden Tag dankbar für das Gute, das Ihnen widerfährt, oder eher grundsätzlich unzufrieden? Nur wenn Sie bewusst das Kommando über Ihr »Kopfkino« übernehmen, entscheiden Sie darüber, wie Sie sich selbst, die anderen und die Welt sehen. Schon Buddha wusste: »Was du heute denkst, wirst du morgen sein.«

»Es wird einfacher, das ›nichts persönlich nehmen‹ und es macht das Leben viel leichter. Seit ich darin besser bin, finde ich öfter eine Exit-Strategie mit Humor. Mein Benefit: Die Beziehung macht mehr Spaß und im Job erreiche ich schneller, was ich will. Das Üben hat sich gelohnt!«
Marina, eine Klientin

Sie entscheiden, ob Sie sich ärgern oder nicht. Und Sie entscheiden auch, ob Sie etwas persönlich nehmen oder nicht. Sie können nicht beeinflussen, ob Sie jemand infrage stellt, attackiert oder sonst was. Aber: Sie treffen die Wahl, ob Sie die Annahme verweigern. Ob Sie sich das Gesagte zu Herzen nehmen oder es von sich abprallen lassen. Sie treffen die Entscheidung! Das nennt man Eigenverantwortung.

»Ja, aber wenn der andere mich verletzt, das muss ich doch persönlich nehmen.« Nein, das müssen Sie nicht. Sie können es auch lassen. Es ist tatsächlich Ihre Entscheidung. Wenn Sie die Attacke annehmen, geben Sie dem anderen Macht über sich. Verweigern Sie die Annahme, behalten Sie die Macht. Sie lassen sich nicht zum Opfer machen. Im Folgenden gebe ich Ihnen einige Tipps, wie Sie für mehr inneren Abstand sorgen können.

Eine kurze Anekdote dazu: Es ist schon etliche Jahre her. Ein Fernsehsender rief bei uns an, sie wollten einen Beitrag über unser Training »Wie man mit Männern spricht« drehen. Ich war

INNERER ABSTAND – SO GELINGT ES

Stellen Sie sich die Situation als Theaterszene vor. Am besten als Komödie. Sie sitzen im Publikum und entscheiden, ob Sie klatschen oder nicht.

Oder nehmen Sie die berühmte Vogelperspektive ein und schauen Sie sich das Ganze von oben an. Das stellt ebenso wie die Theaterszene sofort Abstand her.

Drei Fragen, die ich mir immer stelle, helfen sehr gut, in einem ruhigen und lockeren Modus zu bleiben:

◇ Kann ich es ändern? Wenn nicht, kann ich gelassen bleiben. Wenn ja, was kann ich tun?

◇ Ist es wirklich wichtig?

◇ Bringt mich mein Verhalten ans Ziel?

Allein dadurch, dass Sie sich diese Fragen stellen, bekommen Sie schon ein wenig inneren Abstand zu der herausfordernden Situation. Sie sind quasi abgelenkt und gedanklich auf einem anderen Spielfeld.

begeistert und stolz und griff zum Hörer, um meinen Vater anzurufen und zu berichten. Und was war seine Reaktion? Hier im O-Ton: »Wer schaut denn so etwas an?« Mal ehrlich, da hatte ich doch allen Grund, diesen Kommentar persönlich zu nehmen. Aber ich reagierte anders, nämlich voller Leichtigkeit und mit Humor.

Ich musste spontan ganz laut lachen und sagte dann: »Papa, das ist die falsche Reaktion! Ich wollte so etwas hören wie ›Ich bin stolz auf dich, mein Kind‹.« Darauf mein Vater: »Aber das bin ich doch.« Ich: »Aha, haste aber nicht gesagt. Dann machen wir das so: Wir legen jetzt beide auf, ich rufe dich noch einmal an und dein Text ist dann ›Ich bin so stolz auf dich, mein Schatz‹.« Gesagt, getan. Ich rief ihn noch einmal an und noch bevor ich etwas sagen konnte, rief er in den Hörer: »Ich bin total stolz auf dich, mein Kind.«

Wir hatten einen riesigen Spaß. Zurück bleibt ein Running Gag zwischen uns und mein Wissen, dass ich immer die Wahl habe, wie ich mit einer Situation umgehen möchte. Und glauben Sie mir: Früher hätte ich ganz anders auf seine erste Antwort reagiert. Ich hätte sie total persönlich genommen und vermutlich wäre eine Riesensache daraus geworden. Mit Vorwürfen, Beleidigtsein, das ganze Programm. Natürlich kann man jetzt sagen: Zu Recht hätte ich sauer sein können. Und dann? Dann hätten wir eine Lose-Lose-Situation vom Feinsten gehabt.

Schon Hermann Hesse bemerkte, dass »aller Humor damit anfängt, dass man die eigene Person nicht mehr ernst nimmt«.

In der beschriebenen Situation steckt vieles drin. Und ich weiß genau, in der Zeit »vor Coaching« wäre ich zutiefst gekränkt und beleidigt gewesen. Ich hätte kostbare Lebenszeit damit verschwendet, mich zu ärgern. Ein paar Jahre vorher war mein Selbstwert noch nicht so stark und ich war dadurch viel stärker abhängig von der Bewertung Dritter. Schon allein deshalb hätte ich die Aussage meines Vaters persönlich genommen.

Wir nehmen es meist sehr persönlich, wenn unsere Erwartungen nicht erfüllt werden. Dabei sollten wir nicht vergessen: Es sind »nur« unsere Erwartungen. Mein Vater hat jedes Recht der Welt, meine Seminare seltsam zu finden oder sich zu fragen, wer sich dafür interessiert. Das zu akzeptieren, ist die halbe Miete. Und das kann ich deshalb akzeptieren, weil ich unabhängig von seiner Bewertung bin. Ich weiß, was ich kann und wer ich bin. Und deshalb konnte ich diesen Moment am Telefon auch mit Humor nehmen.

Auf Situationen und Umstände haben wir nicht immer einen direkten Einfluss, doch wie wir auf sie reagieren und uns in Stellung bringen, das liegt in unserem Einflussbereich und ist unsere Entscheidung! Dadurch, dass ich die Worte meines Vaters nicht persönlich genommen habe und gelassen geblieben bin, habe ich nachgegeben. Und so wurde aus einer anfänglich für mich enttäuschenden Situation eine Win-Win-Situation: Mein Vater und ich sind uns sogar nähergekommen.

WAS KANN MAN AUS EINER SOLCHEN SITUATION LERNEN?

◇ Mit Humor geht alles besser.

◇ Leicht bleiben und nichts persönlich nehmen.

◇ Keine Erwartungen haben.

◇ Klare Ansagen machen.

HUMOR SCHAFFT VERBINDUNG – UND VERBINDUNG BINDET

*»Der Verstand ist unser Büro,
das Herz ist unser Wohnzimmer.«*

LAMA SAMTEN

Die Qualität der Verbindung zwischen Ihrem Mann und Ihnen entscheidet darüber, ob Sie glücklich sind. Ob Sie die Fähigkeit haben, mit anderen Menschen in Verbindung zu gehen, ist entscheidend für die Qualität Ihres Privatlebens.

Als Frauen entscheiden wir, wann wir in Verbindung gehen, und wir entscheiden auch über das Ende einer Verbindung. Die Frau entscheidet, ob sie einen Mann will und ob sie ihm ihre Aufmerksamkeit und ihre Liebe schenkt. Sie entscheidet, ob sie ihn groß machen will oder nicht. Selbst in dem Fall, dass der Mann aus der Beziehung aussteigt, ist dem vorausgegangen, dass die Frau innerlich ausgestiegen ist. Ich weiß, das mag für die eine oder andere absurd klingen. Und verstehen Sie es bitte nicht so, dass Sie verantwortlich oder gar schuld daran sind, wenn er gegangen ist. Das wäre absurd. Ich sage nur, dass es die Frau ist, die »entschieden« hat, aus der Verbindung zu gehen. Sie hat entschieden, ihn nicht länger zu respektieren, ihn nicht anzuerkennen oder die Beziehung nicht mehr haben zu wollen.

Natürlich ist das nur selten eine bewusste Entscheidung. Es ist vielmehr so, dass die Frau sich distanziert, weil sie zunehmend unzufrieden ist und nicht bekommt oder lebt, was sie glücklich macht. Sie ist unglücklich und fühlt sich unerfüllt. Also hört sie auch auf, ihn glücklich zu machen. Ihr Fokus liegt stärker auf den unbefriedigenden Aspekten der Beziehung und auf den negativen Seiten des Partners. Der Respekt für ihn nimmt ab, Anerkennungen werden zurückgehalten, auch Sex gibt's weniger. Dadurch wird die Verbindung schwach und schwächer und es wächst die Gefahr, dass die Beziehung auseinandergeht oder eine dritte Person die Verbindungslücke füllt.

DEN PARTNER »AUS DEM HAUS TREIBEN«

Eines Tages kam Angelika zu mir in die Praxis. Sie wollte wissen, ob ich ihr helfen könne, ihren Mann zurückzubekommen. Sie hatte ein paar Tage zuvor von ihm erfahren, dass er sich in seine Sekretärin verliebt hatte. Der Klassiker, denken Sie jetzt vielleicht, und einen Moment lang dachte ich das auch. Was mich an Angelika sehr beeindruckte, war die Haltung, mit der sie über die Situation erzählte. Sie gab sich nicht als Opfer und sie machte ihn nicht zum Täter. Ungefähr so lautete ihr Bericht: »Wir sind knapp zwanzig Jahre verheiratet und haben drei gemeinsame Kinder. Ich habe mich vor allem um die Kinder und die Familie gekümmert. Mein Mann hat Karriere gemacht. Das war so abgesprochen. Seit ein paar Jahren arbeite ich jetzt wieder in Teilzeit. Die Kinder sind schon recht selbstständig. Ich war nicht zufrieden in der letzten Zeit. Und meinem Mann gönne ich nicht, dass er zufrieden ist. Wenn er zum Beispiel nach dem Sport glücklich nach Hause kommt, halte ich das kaum aus. Es macht mich aggressiv und ich greife ihn an. Und dann streiten wir. Jetzt hat er sich in seine Sekretärin verliebt und will mit ihr zusammenleben.«

Angelika wusste, dass sie aus der Verbindung gegangen war. Sie war unglücklich und fand keinen Weg aus der Misere, deshalb hat sie ihn attackiert und »aus dem Haus getrieben« (ihre Worte). Das soll überhaupt keine Entschuldigung für ihn sein.

Es gibt definitiv andere Lösungen, als sich eine andere Frau zu suchen, wenn es daheim ungemütlich wird. Doch offensichtlich haben es beide nicht geschafft, darüber zu reden, was im Laufe der Jahre passiert war. Die Distanz zwischen beiden wurde immer größer und die Verbindung immer schwächer.

Ich sagte ihr gleich, dass es keine Garantie dafür gäbe, dass er wiederkommt, auch wenn sie jetzt an sich und der Beziehung arbeiten würde. Das sei ihr klar, sagte sie, und dass sie jetzt in erster Linie etwas für sich tun müsse. Und genau das haben wir gemacht. Im Zentrum unserer gemeinsamen Arbeit stand zuallererst Angelikas persönliche Zufriedenheit. Wir befassten uns mit ihrem Selbstwert und damit, was sie im weiteren Leben will. Sie wollte mehr für sich tun, Freundinnen treffen, Sport machen und sich beruflich neu orientieren. Sie setzte all das um und wurde zunehmend selbstbewusster und zufriedener. Ihr Mann kam nicht zurück. Doch die beiden haben es mit Begleitung geschafft, eine faire Trennung hinzubekommen. Heute lebt Angelika wieder sehr glücklich mit einem (jüngeren) Mann zusammen. Worauf sie immer achtet, ist, dass sie selbst zufrieden ist und bleibt.

OFFENE HERZEN SCHAFFEN VERBINDUNG

Wenn Sie Ihren Mann anerkennen, sind Sie wach, leicht, zugewandt und aufmerksam, Ihr Fokus ist bei ihm. Er fühlt sich gesehen und akzeptiert, er öffnet sein Herz und dann ist Verbindung da. Wenn wir unser Herz hingegen zumachen – wem wird es dann eng ums Herz? Uns selbst! Und dann verhalten wir uns oft auf eine Weise, wie wir uns gar nicht verhalten wollen. Wütend, ärgerlich, missgünstig, ungeduldig, verurteilend. Geschlossene Herzen kapseln sich ab und machen ihr eigenes Ding.

Wir hatten vor einiger Zeit Mönche aus dem Himalaja bei uns zu Besuch. Und wir hatten das große Glück, uns mit ihrem Lama austauschen zu können: über die Menschen, was Glück und Zufriedenheit ausmacht, dass Tränen des Menschen ultimativer Selbstausdruck sind und dass der Anfang alles Guten das Herz und das Mitgefühl sind. Doch von Liebe und Mitgefühl sind wir weit entfernt, wenn wir wütend und ärgerlich sind. Und wir sind auch ganz weit von uns entfernt und von dem, was wir sein und wie wir uns fühlen wollen. Die Worte von Lama Samten haben dieses Kapitel eingeleitet:»Der Verstand ist unser Büro, das Herz ist unser Wohnzimmer.« Wenn unser Wohnzimmer kalt, dunkel und verschlossen ist, möchte sich keiner darin aufhalten, wir nicht und auch nicht unser Partner.

Natürlich, ich höre schon die Einwände (vielleicht sind es auch meine eigenen): Soll ich mitfühlend und liebevoll sein, wenn mich jemand bekämpft oder mir die Butter vom Brot nehmen will? Das will ich nicht! Natürlich nicht. Mitfühlend zu sein heißt nicht, naiv zu sein. Ruhig zu bleiben heißt nicht, unterlegen zu sein. Ich erkenne, wer mich bekämpft. Wenn ich mein Ego im Griff habe, es nicht persönlich nehme, dann kann ich den notwendigen inneren Abstand halten, klare Entscheidungen treffen und Ansagen machen. Ich muss den anderen dazu nicht als falsch ansehen. Ich erkenne (an), was er tut, bleibe gelassen und reagiere im Sinne meiner Ziele. So erreiche ich meine Ziele mit weniger Kampf und Anstrengung.

»Den größten Benefit, den ich habe, seit ich die Erfahrungen und Tipps aus dem Kurs anwende? Ich brauche keine Blutdrucktabletten mehr. Offensichtlich habe ich Druck aus und Leichtigkeit ins System gebracht.«
Beate, eine Teilnehmerin

Nicht ganz ohne Anstrengung, denn sich nicht zu verstricken, fühlt sich anfangs auch anstrengend an. Doch je mehr es zu Ihrer Haltung wird, desto weniger strengen Sie sich dafür an. Erst wenden Sie das Wahren des inneren Abstands als bewusstes Tool an, dann geht es in Fleisch und Blut über. Oder müssen Sie heute noch nachdenken oder sich anstrengen, wenn Sie Auto fahren? Mit achtzehn erschien es Ihnen sicher sehr kompliziert.

MIT SPIEL ANS ZIEL

Perfektion? Langweilig!

Spielen macht viel mehr Spaß als streiten. Und spielerisch ans Ziel zu kommen, ist deutlich entspannter, als um alles zu kämpfen. Wir kommen mit Männern über Humor, Anerkennung und Neugier in Verbindung. Und über Spiele. Männer lieben Spiele. Fußball, Handball, Basketball, Volleyball... Spiele haben klare Regeln. Mann weiß, woran er ist. Das Ziel ist definiert – besser sein, Erster sein, Sieger sein. Mann weiß, was zu tun ist. Wenn Sie einen Mann motivieren wollen, setzen Sie ein interessantes Spiel für ihn auf. Seien Sie kreativ. Stellen Sie einen attraktiven Preis in Aussicht. Keine Frage: Je größer das Begehren, desto höher die Motivation.

Um etwas zu erreichen, können Sie entweder den Druck erhöhen oder ihn rausnehmen und stattdessen Spiel und Spaß platzieren. Sie können sagen:»Wenn du um acht nicht zu Hause bist, brauchst du gar nicht mehr zu kommen!« Oder Sie können sagen:»Wenn du Punkt acht Uhr zu Hause bist, wartet eine Überraschung auf dich.« Welche Formulierung hat mehr Aussichten auf Erfolg? Ich denke, die zweite Variante mit ihrer Chance auf einen verheißungsvollen Abend.

Welches Bild gefällt Ihnen besser? Wie möchten Sie die Zügel Ihres Lebens in der Hand haben? Locker verspielt oder verkrampft und drohend?

Nehmen wir an, Sie wollen, dass Ihr Mann den Kaffeesatz aus der Maschine nimmt, wenn der Behälter dafür voll ist. Sie haben schon alles probiert. Die klare Ansage, was Sie wollen. Sie haben den Kaffeesatz ebenfalls nicht mehr geleert, was dazu geführt hat, dass er anfing, Tee zu kochen. Sie haben mit Trennung gedroht … Aber haben Sie auch schon ein Spiel aufgesetzt, das nur Gewinner kennt?

Was neben dem nicht geleerten Behälter nervt, ist, dass man selbst quasi gezwungen ist, zu nörgeln oder zu kritisieren. Das macht keine Freude und ist auch langweilig. Einfach aufgeben und selbst sauber machen, immer wieder, kommt einer Niederlage gleich, ist also auch keine gute Lösung. Was aber, wenn er dafür was anderes macht? Sie verwöhnt oder einlädt?

Ein attraktives Win-Win-Spiel könnte zum Beispiel so aussehen: »Schatz, das mit dem Kaffeesatzleeren hat bisher nicht geklappt. Ich schlage dir Folgendes vor: Wir führen eine Strichliste und jedes zweite Mal, wenn du nicht geleert hast, obwohl der Kasten bei dir voll war, lädst du mich in ein Restaurant meiner Wahl zum Essen ein.« Der ganze Druck geht augenblicklich aus der Situation. Er hat die Wahl und Sie werden regelmäßig ausgeführt. Das ist doch wahrlich besser, als sich zu ärgern, am Ende Tee zu trinken oder den Behälter »ohne Belohnung« zu leeren. Oder was meinen Sie?

WIN-WIN

Carolin ist neulich mit ihrem Partner Bastian so verfahren. Er ist ein notorischer Zuspätkommer, was sie auf die sprichwörtliche Palme bringt. Carolin hatte ihren Aussagen nach schon alle Register gezogen und war mit ihrem Latein am Ende. Also schlug ich ihr vor, sich ein Spiel auszudenken. Das sollte ihr helfen, aus dem »Frusthamsterrad« auszusteigen, und natürlich auch eine Alternativlösung bieten. Ich fragte sie, was sie sich gern, doch leider zu selten gönnen würde. Sie antwortete prompt: »Eine Massage!« Also schlug sie Bastian folgendes Spiel vor: »Du kannst zwei Mal zu spät kommen, beim dritten Mal spendierst du mir eine Massage.« Er ging lachend und erleichtert darauf ein. Seither ist er nicht wirklich pünktlicher, doch sie ärgert sich nicht mehr darüber, sondern zählt die Male bis zu ihrer nächsten Massage. Neben der genussvollen Tatsache, dass sie nun regelmäßig massiert wird, ist der Gewinn für beide, dass der Stress aus dem Thema und aus der Beziehung raus ist. Und dieser Gewinn ist doch das eigentliche, das übergeordnete Ziel – finden Sie nicht auch?

Spielerisch mit Situationen umgehen und Spiele aufsetzen kreiert Leichtigkeit und wird mit der Zeit selbst auch immer leichter und einfacher. Wenn Sie Spiele wie in den genannten Beispielen einführen, leben Sie damit Akzeptanz und Anerkennung. Es ist, wie es ist, und er ist, wie er ist – mit dieser Haltung behalten Sie Ihr Zwinkern im Auge und Ihre Ziele im Blick. Alles kommt in Fluss.

Leichtigkeit hilft – im Umgang mit ihm, mit herausfordernden Situationen und natürlich in Bezug auf Sie selbst! Betrachten Sie sich stets mit einem humor- und liebevollen Blick. Manchmal sind wir selbst unsere schlimmsten Kritikerinnen, doch im Umgang mit uns selbst sollte der Humor immer die Nase vorn haben.

Wenn Sie einmal nicht so zufrieden mit sich oder einer Ihrer Leistungen sind, ist es hilfreich, weniger kritisch mit sich selbst zu sein und dafür öfter über sich zu lachen. Sich selbst klein zu machen und in der Folge klein zu fühlen, das macht keinen Spaß und ist auch nicht sexy.

NEVER FORGET

Nobody is perfect – und das will auch keiner. Hingegen ist ein selbstbewusster Umgang mit sich selbst und den eigenen kleinen Macken authentisch und attraktiv.

Kurz und bündig: Das sagt der männliche Coach dazu

Der männliche Coach ist Herbert Feuersänger, seit fast zwanzig Jahren mein Ehemann, seit 15 Jahren sind wir Geschäftspartner. Er ist ein großartiger Coach und Trainer. Ein großzügiger und großherziger Mann – und er bringt die Dinge sehr gern und sehr klar auf den Punkt. Manchmal gibt er ein Gastspiel in meinem Training und die Teilnehmerinnen können ihn alles fragen, was sie interessiert. So holen sie sich die direkte männliche Perspektive. Das ist jedes Mal ein Highlight. Er arbeitet viel mit Männern. Sein Wissen und seine Erfahrung als Mann und Coach bringt er in diesem Buch als »der männliche Coach« ein.

Vor einiger Zeit war ich mit einem befreundeten Vater und unseren damals sechsjährigen Söhnen auf einem Tretboot unterwegs, als beim Herumalbern der Sohn meines Freundes plötzlich ins Wasser fiel. Als mein Freund ihn rasch wieder ins Boot zog, war sein erster spontaner Satz: »Erzähl das bloß nicht deiner Mutter!« Wir vier »Männer« auf dem Boot haben uns schlapp gelacht. Malheure und Pannen mit Humor und sportlich zu nehmen, hilft ungemein. Ins Drama zu gehen, ehrlich, das ist für uns Männer ein No-Go. Männer, Menschen sind albern, manchmal auch ungeschickt, das sind großartige Eigenschaften und Anlässe, über die man am besten gemeinsam von Herzen lachen sollte. »No drama, please, Baby. Always look on the bright side of life!«

Instrument zwei: Anerkennung

Acht Anerkennungen – und Sie haben
die Aufmerksamkeit Ihres Gegenübers.
Sechzehn Anerkennungen – und Sie haben die
Aufmerksamkeit eines oder Ihres Mannes.

SUPERFOOD FÜR DIE BEZIEHUNG

*»Ein freundliches Wort kostet nichts und
ist dennoch das schönste aller Geschenke.«*

DAPHNE DU MAURIER

Sind Sie nach dem Auftakt auf der Seite zuvor noch am Leben
oder schnappen Sie gerade nach Luft? Sind Sie am Überlegen,
ob diese Zahl pro Leben, pro Jahr oder pro Monat gilt? Nun,
sechzehn Anerkennungen pro Begegnung und Sie sind eine
Männerflüsterin.

Die Entspannung naht, denn: Anerkennen heißt nicht loben.
Anerkennen heißt, zu sagen und zu signalisieren, was man erkennt. Ganz so, wie es in dem Wort »anerkennen« steckt. Ein
Lächeln kann schon eine Anerkennung sein. Ein Mann betritt
den Raum, ich hebe den Kopf, schaue ihn an und lächle. Ich
beachte ihn (erste Anerkennung) und signalisiere mit meinem
Lächeln (zweite Anerkennung), dass ich mich freue, ihn zu sehen,
oder dass ich ihn interessant finde (kommt auf das Lächeln an).

Eine Klientin sagte einmal: »Du musst die Männer loben,
dann sind sie oben.« Sie hatte recht, Lob ist wichtig und bewirkt
viel mehr als Jammern oder auch Vorwürfe, doch ist Lob nicht
alles und vor allem ist Lob nicht gleich Anerkennung. Lob ist nur
ein kleiner Teil der Anerkennung. Anerkennung heißt, mit Wertschätzung zu sagen, was ich sehe. Dahinter steht, dass ich wach
bin, den anderen sehe, mitbekomme, war er tut und leistet, wie er
sich anstrengt – ich bekomme ihn mit. Ich nehme ihn wahr und
damit ernst. Das ist das größte Geschenk, das ich geben kann.

Alle Menschen brauchen und lieben Anerkennung. Der beste Weg, sie zu bekommen, ist, sie zu geben. Klar ist auch: Wir erkennen nicht etwas an, sondern immer eine Person – für das, was sie getan hat. Anerkennung ist ein sehr wirkungsvolles Werkzeug, das die Dynamik in einer Situation so machtvoll verändern kann, dass sich alles wie von allein ordnet.

Anerkennung ist nicht zu verwechseln mit Komplimenten und Schmeicheleien. Schmeicheleien fühlen sich oft zu süß und zu klebrig an, sie driften auch schnell ab in Schleimerei. Anerkennung ist in Worte gefasste positive Aufmerksamkeit:

Die bekannte Familientherapeutin Virginia Satir sagte dazu: »Ich glaube daran, dass das größte Geschenk, das ich von jemandem empfangen kann, ist, gesehen, gehört, verstanden und berührt zu werden. Das größte Geschenk, das ich geben kann, ist, den anderen zu sehen, zu hören, zu verstehen und zu berühren. Wenn dies geschieht, entsteht Kontakt.«

»Du hast heute ganz lecker gekocht.« »Du siehst aus, als hättest du einen anstrengenden Tag hinter dir.« Das ist kein Lob, das man sich aus den Fingern saugen muss. Es wird schlicht formuliert, was wir sehen. Wir erkennen an, was wir sehen. Und wir sehen es, weil wir uns ihm widmen, weil er uns wichtig ist.

Eine Anerkennung ist dann eine Anerkennung, wenn sie beim anderen ankommt, das heißt, wenn dieser strahlt und entspannt. Aufmerksam sein heißt wahrnehmen, was jemand tut.

ANERKENNUNG HEISST, ETWAS MIT WÄRME AUSZUSPRECHEN

Wenn Sie zum Beispiel Ihren Mann nach einem Arbeitstag am Abend wiedersehen, nehmen Sie sich die Zeit, ihn wahrzunehmen. Schauen Sie ihn genau an. Dann lächeln Sie ihn an, das ist auch eine Form von Anerkennung, das Signalisieren von

Freude bei seinem Anblick. Und dann sagen Sie mit Wärme in der Stimme, was Sie sehen. Das kann sein:»Du grinst so schön frech. Was war heute los?« Oder:»Du siehst angestrengt aus, harter Tag?« Oder einfach:»Schön, dich zu sehen. Ich freue mich auf heute Abend!«

Sie sehen, Sie müssen ihn nicht loben, Sie müssen sich nichts ausdenken. Sie sagen, was Sie sehen – und das sagen Sie mit Wertschätzung. Und wenn es etwas zu loben oder hervorzuheben gibt, dann tun Sie das. Unbedingt. Nicht zuletzt, weil er dann genau das wiederholen wird.

Erkennen Sie an, was er tut, wenn Sie wollen, dass er es weiterhin tut.

Denken Sie daran: Gerade die kleinen Selbstverständlichkeiten sollten nicht selbstverständlich werden. Wenn er Ihnen morgens den ersten Tee ans Bett bringt oder abends immer die Blumen versorgt oder samstags das Auto wäscht, bedanken Sie sich oder sagen Sie:»Toll, dass du das machst.« Oder:»Ich weiß zu schätzen, dass du …« Eine Anerkennung kostet nichts und sie kann so viel.

»UND WER SIEHT, WAS ICH ALLES TUE?!«

Vielleicht denken Sie jetzt:»Schön und gut. Und wer erkennt mich an?« Natürlich kommt diese Frage auf und natürlich wollen auch Sie mehr Anerkennung. Sie möchten ebenfalls gesehen werden, und was Sie leisten, soll auch nicht für selbstverständlich gehalten werden.

Doch noch mal: Der beste Weg, Anerkennung zu bekommen, ist, welche zu geben. Das ist einfach so. Es funktioniert tatsächlich. Gehen Sie voran. Seien Sie die Initiatorin und bringen Sie die Anerkennungskultur in Ihrer Beziehung in Schwung. Und falls Sie jetzt denken »Warum muss ich damit anfangen?«, kann ich das sehr gut verstehen, muss Ihnen als Ihr Coach aber ganz tough entgegnen: »Weil Sie es können und weil Sie dieses Buch lesen und etwas ändern wollen. Und weil es nicht darauf ankommt, wer anfängt, sondern darauf, dass Sie am Ende bekommen, was Sie wollen: eine glücklichere Beziehung!« Und dann stelle ich Ihnen meine Lieblingsfrage: Wollen Sie recht haben oder ein erfülltes Leben führen?

Anerkennung hat eine durchschlagende Wirkung. In Anerkennung liegt so viel Entspannung und Würdigung für das Gegenüber. Das ist einfach Superfood für die Liebe. Anerkennung lässt die Liebe wachsen und nährt die Zugehörigkeit. Kein Mann kann sich der Anerkennung entziehen. Anerkennung ist attraktiv. Wer sie erhält, fühlt sich gut. Wer sie ihm gibt, der bekommt seine Aufmerksamkeit.

Werden Sie also zur Meisterin der Anerkennung. Zur Meisterin darin mitzubekommen, was los ist, und es anzusprechen. Je mehr Sie ihn anerkennen, desto enger wird die Verbindung zwischen Ihnen beiden. Und wenn er sein Pensum an Anerkennung und Wertschätzung von Ihnen bekommt, wird er es sich auch nirgendwo anders holen.

ES WIRKT!

Im Fachjargon heißt es: »Positiv konnotiertes Verhalten wird wiederholt.« Das bedeutet schlicht und einfach: Ein Handeln, das positive Reaktionen wie zum Beispiel eine Belohnung oder eben Anerkennung nach sich zieht, wird vom Handelnden wiederholt. Das klingt nach einem ganz simplen Ansatz, den Sie nutzen sollten. Es wirkt nicht nur, es macht auch Ihnen Freude. Denn anerkennen tut auch dem gut, der anerkennt. Probieren Sie es aus und spüren Sie wirklich mal in Ruhe nach, wie sich das anfühlt.

Es gibt nichts Gewinnenderes als Anerkennung. Anerkennung ist unwiderstehlich. Und für die Liebe ist sie tatsächlich das reine Superfood. Anerkennung nährt, sie lässt den Mann wachsen und sich total wohl und gewollt fühlen. Und mal ehrlich, wir fühlen uns doch auch viel wohler, wenn wir anerkennend sind. Es macht viel mehr Spaß, anerkennend unterwegs zu sein als kritisierend. Wenn wir anerkennen, ist unser Herz offen und wir fühlen uns leicht. Diese Leichtigkeit geben wir unserem Partner weiter und er gibt sie uns auch zurück.

KLEINE VERÄNDERUNG – GROSSE WIRKUNG

Vor einiger Zeit beschrieb mir meine Klientin Anke folgende Situation: Sie und ihr Mann Ernst leiten ihr eigenes mittelständisches Unternehmen, beide haben ausgefüllte Arbeitstage. Anke hat abends oft das Bedürfnis, mit ihrem Mann noch Dinge nachzubesprechen. Dabei stößt sie meist auf Unlust und wenig Bereitschaft bei Ernst. Anfangs argumentierte sie, weshalb ihr das wichtig sei, dann endete sie mit Vorwürfen. Der Abend war gelaufen, ein gemütliches Zusammensein unmöglich. Ich fragte sie, was ihr wichtiger sei, die Dinge zu besprechen oder einen harmonischen Abend zu haben. »Beides«, antwortete sie und grinste. »Okay, wie kannst du beides bekommen? So wie du es jetzt machst, funktioniert es offensichtlich nicht. Was kannst du anders machen?« »Ich könnte ihm mehr Zeit lassen, wenn er heimkommt.« »Perfekt, was noch?« »Ich könnte ihn dafür anerkennen, was er den Tag über geleistet hat.« »Das ist eine sehr gute Idee. Fällt dir dazu immer was ein?« »Ja, wenn ich darauf achte, was er leistet, und nicht mit den Dingen beschäftigt bin, die mich stören, schon.« »Also, könntest du das machen oder wirst du es machen?« »Ich werde es machen.«

Bei unserer nächsten Session berichtete sie über folgende Situation: »Es war ein Abend wie immer, wir waren beide gerade heimgekommen. Als ich ihn sah, ging ich auf ihn zu, lächelte und umarmte ihn kurz. Dann sagte ich zu ihm: ›Dein Tag war lang, du siehst ein wenig müde aus.‹ Pause. ›Hast du Lust auf einen Tee?‹ Er lächelte zurück und sagte: ›Gerade nicht, aber wollen wir heute Abend essen gehen?‹ Ich war ganz erstaunt und natürlich stimmte ich dem Vorschlag zu. Wir hatten einen sehr schönen Abend und als ich beim Essen Themen ansprach, die mir am Herzen lagen, ging mein Mann problemlos darauf ein.« Anke hatte beides bekommen. Einen harmonischen Abend und die Gespräche, die sie führen wollte. Und er – er fühlte sich gesehen und ernst genommen, genoss den Abend mit seiner Frau und war rundum zufrieden. Anerkennung tut gut und Anerkennung motiviert. Anerkennung gibt das Gefühl, gesehen und geschätzt zu werden. Und das erhöht die Lust und den Antrieb, etwas zu tun, zu leisten und zu erledigen.

Schon der römische Geschichtsschreiber Sallust wusste, dass »Anerkennung dem Streben Nahrung gibt«.

OHNE DRUCK GEHT VIELES

Neulich war eine Klientin bei mir im Coaching und erzählte, dass sie furchtbar genervt wegen ihres Partners sei. Seit Wochen bat sie ihn, an ihrem Auto die Winterreifen aufzuziehen. Doch es passierte nichts. Sie erzählte, dass sie alles probiert habe. Eine klare Ansage, eine liebe Bitte, ein Ultimatum, eine Statistik über Unfälle, die durch falsche Reifen zustande kommen, Druck. Sie war mit ihrem Latein am Ende. Und vor allem konnte sie nicht sehen und einsehen, warum er das nicht einfach für sie tat, wo er doch sonst immer hilfsbereit war.

Ich fragte sie, was ihr Partner schon alles für sie getan habe oder tue. Sie zählte auf, dass er sich um Haus und Garten kümmere. Rasen mähen, Hecken schneiden, Zaun und Fenster streichen … Ich fragte sie, ob sie ihn für all diese selbstverständlichen Tätigkeiten schon einmal anerkannt habe. Sie schaute mich erstaunt an und sagte:»Nein, schließlich ist das unsere Arbeitsteilung. Ich im Haus und er draußen.« Ich gab ihr die Empfehlung, ihren Fokus auf all das zu richten, was ihr Partner leistet und tut, und es nicht als selbstverständlich zu nehmen. Sie sollte anerkennen, was er tut, und ihren Blick nicht nur auf dem haben, was er noch nicht erledigt hat. Ich schlug ihr also vor, ihren Mann mehr anzuerkennen. Nicht einfach so allgemein, sondern ganz genau für das, was er tat:»Es ist so gut, dass du den Rasen immer wieder mähst.« Oder:»Danke, dass du die Hecken im Blick hast, frisch geschnitten sehen sie einfach besser aus.« Und sie sollte nichts mehr über die Autoreifen sagen, schließlich wusste ihr Mann»eigentlich« genau, dass es dafür Zeit war.

Meine Klientin war nicht wirklich überzeugt von dieser Empfehlung. Irgendwie fand sie dieses Anerkennen unnötig. Trotzdem stimmte sie zu und versprach, es auszuprobieren. Schon eine gute Woche später erhielt ich eine E-Mail von ihr, in der sie mir begeistert mitteilte, dass ihr Mann soeben losgefahren sei, um die Reifen ihres Autos zu wechseln. Sie hatte ihn nicht wieder darum gebeten, sondern ihn einfach dafür anerkannt, was er getan hatte und täglich tut.

VORSICHT: KEIN MANIPULIEREN!

Trotz all solcher Erfolge sollte das Anerkennen nicht einfach als ein Werkzeug und niemals als Mittel zum Zweck eingesetzt werden. Anerkennung, die deshalb gegeben wird, weil wir etwas Bestimmtes bekommen wollen, ist Manipulation. Solche Versuche würden sich innerhalb kürzester Zeit abnutzen und der Mann würde das Spiel schnell durchschauen.»Aha, jetzt bekomme ich eine Anerkennung, damit ich mache, was sie möchte.« Ihr Mann fühlt sich schnell ausgenutzt. Das ist nicht, was wir wollen. Das wäre ein Lose-Win- oder ehrlicher: ein Lose-Lose-Spiel. Das Thema wäre verfehlt, denn echte Anerkennung kommt von Herzen. Und sie muss natürlich ernst gemeint sein. Das kann so viel bewirken!

Meine Kursteilnehmerin Bettina sagte:»Ich habe mir was ganz anderes unter dem Seminar vorgestellt, aber was ich bekommen habe, ist viel mehr. Ich habe jetzt wieder einen liebevollen Blick auf meinen Partner. Ich freue mich darauf, nach Hause zu fahren, und ich freue mich auf ihn. Ich bin selbst so entspannt, wie ich es schon lange nicht mehr war. Unser Miteinander hat sich komplett verwandelt.«

Dieses Feedback hat mich sehr berührt. Denn wenn wir Frauen einen liebevollen Blick haben, ist das an erster Stelle gut für uns selbst. Unser Herz ist weit, wir sind in der Leichtigkeit und können Leben und Liebe spielerisch meistern. Das ist es, was ich für Sie möchte: mit Leichtigkeit eine erfüllte Beziehung bekommen, haben und führen.

DER KERN DER ANERKENNUNG

Damit Ihre Anerkennung von innen kommt und ernsthaft ist, brauchen Sie tatsächlich einen veränderten Blick: Sie halten den Fokus auf dem Positiven und sind wach für alles, was funktioniert und was er (für Sie) tut. Das verändert grundlegend Ihre Haltung und Ihre Einstellung ihm gegenüber. Ihr Herz geht auf, gute Gefühle können fließen. Damit aber noch nicht genug. Denn mit der Haltung verändert sich auch der Ton und die Art der Kommunikation. Was also zuerst vielleicht als Werkzeug verwendet wurde, wird bald zur zweiten Natur und zu einer Haltung, die dazu beiträgt, dass die Beziehung mehr Spaß macht und die Liebe stetig wächst.

RUHIG AUCH VOR ANDEREN

◇ »Ich habe den besten Mann, den ich mir nur
vorstellen kann.«

◇ »Er ist so schnell dabei, alle anstehenden Aufgaben
umzusetzen.«

◇ »Ich habe einfach guten Geschmack bewiesen,
als ich mir meinen Mann ausgesucht habe.«

◇ »Danke, dass du uns so einen leckeren Wein
ausgesucht hast. Der ist köstlich!«

Jeder Mensch braucht seine ganz bestimmte Form von Aufmerksamkeit und Anerkennung. Finden Sie heraus, welche Art von Anerkennung Ihrem Mann besonders wichtig ist. Und denken Sie daran: Von Anerkennung bekommt er gewiss nie genug!

Den Partner ab und zu vor anderen Menschen anzuerkennen, kann die Wirkung sogar noch verstärken und das Gegenüber sehr stolz machen. Probieren Sie das ruhig im passenden Rahmen aus und beobachten Sie, wie Ihr Mann darauf reagiert. Wenn er anfängt zu strahlen, ist die Anerkennung gut angekommen und Sie bekommen wahrscheinlich Lust, noch eine »draufzulegen«. Stellen Sie sich darauf ein, dass es ein wunderbarer Abend wird …

Eine Anerkennung auszusprechen, tut nicht weh, kostet nichts und bereitet dem Gegenüber – und Ihnen – einfach Freude. Garantiert: Wenn er strahlt, strahlen Sie unwillkürlich mit. Außerdem, jede Anerkennung fällt irgendwann auf den passenden Nährboden, wird verarbeitet und kommt zurück.

MIT AKZEPTANZ ZUR ANERKENNUNG

Akzeptanz ist der Boden, auf dem Zuneigung und Liebe gedeihen können. Akzeptanz ist die Grundlage für Anerkennung.

Eines Abends fragte mich mein Mann:»Sag mal, Nicole, hältst du dich eigentlich für perfekt?« (Und er sagte das ganz neutral, also nicht ironisch oder sarkastisch.) Ich antwortete, belustigt von der Frage:« Na ja, nicht perfekt, aber nah dran.« Er daraufhin:»Keine Sorge, das bist du nicht. Der Unterschied zwischen dir und mir ist, dass ich dich so akzeptiere, wie du bist.«

Seine Haltung macht mich zu einer besseren Person. So wie ich bin, bin ich für ihn in Ordnung. Auf dieser Grundlage lässt sich sein, wachsen und erfolgreich performen.

An diese Situation denke ich oft. Und dann fällt es mir leichter, Bemerkungen zurückzuhalten. Dann überlege ich mir, worum es gerade geht: ob meine Kritik wirklich wichtig und ob sie überhaupt gerechtfertigt ist. Oder ob ich damit nur meinen Maßstab verfolgen und meinen Willen durchsetzen will.

Das Zauberwort ist »Akzeptanz«: den anderen zu akzeptieren, wie er ist und wie er Sachen *Steigen Sie in die Schuhe des anderen und gehen Sie damit ein paar Meter. Schon wissen Sie ein wenig besser, wie es sich anfühlt, er zu sein.* sieht und angeht. Daraus resultiert ganz natürlich, ihn mit Respekt zu behandeln. Und das ist es, was Männer wollen. Akzeptiert werden, wie sie sind, und mit Respekt behandelt werden.

GANZ PRAKTISCH:
AKZEPTIERT WERDEN – SO WIE MAN IST

Stellen Sie sich vor, Sie werden akzeptiert, so wie Sie sind. Gehen Sie ganz in diese Vorstellung hinein. Was macht das mit Ihnen? Wie fühlen Sie sich? Ihre Meinung wird akzeptiert, die Art, wie Sie die Dinge sehen und handhaben, was Sie sagen. So wie Sie sind, werden Sie einfach als perfekt angesehen.

Werden Sie dadurch offener oder verschlossener, was zum Beispiel die Ansichten des Gegenübers betrifft? Haben Sie dann mehr oder weniger Lust auf eine Fortführung des Gesprächs?

Akzeptanz ist das Gegenteil von Ablehnung und Kritik. Mit der Akzeptanz kommt die Anerkennung. Ein Mann, der sich akzeptiert fühlt, kann sich entspannen und Vertrauen fassen. Männer sind froh, wenn sie einfach mal nicht kämpfen müssen. Sie wollen eine Frau, der sie vertrauen können und die loyal ist. Natürlich wollen wir Frauen genau das auch tatsächlich sein, und wann immer ich kann, sage ich das den Männern in meinen Trainings oder im Coaching.

Es ist anstrengend, anders sein zu müssen, als man ist. Es ist unbefriedigend, das Gefühl zu haben, dass man so, wie man ist oder handelt, ungenügend ist oder ein »Lowperformer«. Denken Sie manchmal »Wenn er doch nur ...« oder »Er ist schon in Ordnung, aber ...«? Dieses kleine Aber – und wir müssen es nicht einmal aussprechen, denn es steckt auch in unserer nonverbalen Kommunikation – vernichtet jedes Gespräch und letztlich jedes Vertrauen.

Stellen Sie sich hingegen vor, Ihre Haltung würde ausdrücken: Alles, was er macht, ist brillant. Er ist mein »one million dollar babe«, mein wertvollstes Gut. Wie würde sich Ihr Verhalten ihm gegenüber verändern? Welchen Einfluss hätte diese Perspektive auf Ihre Kommunikation mit ihm? Garantiert bekäme er die beste Behandlung, die überhaupt nur vorstellbar ist, er würde regelmäßig von Ihnen anerkannt und »gestreichelt« werden. Und was meinen Sie, wie würde sich daraufhin sein Verhalten verändern? Die Antwort dürfte ziemlich eindeutig sein, oder?

»HAPPY WIFE, HAPPY LIFE«

Das alles stelle ich so ausführlich dar, weil ich will, dass Sie glücklich sind. Es geht mir nicht darum, ihn zu schonen und Ihnen aufzuzählen, was Sie vermeintlich falsch machen. Sie sollen eine erfüllte Beziehung haben und dabei die Frau sein dürfen, die Sie sein wollen. Genau dafür gilt es zu verstehen, welches Verhalten Sie ans Ziel bringt und es Ihnen vor allem ermöglicht, sich wohler und leichter zu fühlen. Sie sollen sich auf keinen Fall verbiegen. Sie sollen lediglich lernen abzuwägen, was tatsächlich zählt. Sie sollen mitbekommen, wann es passt, etwas zu sagen, und wann nicht. Wer hat etwas davon, wenn Ihr Mann seine Bestleistung bringt? Sie beide!

Die verkürzte Formel: Wenn Sie ihn gut behandeln, ist er glücklich. Wenn er glücklich ist, möchte er Ihnen Ihre Wünsche erfüllen. Er ist happy, wenn Sie happy sind – dann hat er alles richtig gemacht.

Erinnern Sie sich einmal an alle positiven Erlebnisse mit Männern. Da kommt sicher einiges zusammen, oder? Es macht Spaß, wenn sie uns verwöhnen und die Sterne vom Himmel holen. Wenn sie uns fördern und unterstützen. Dafür lohnt es sich zu üben und zu lernen und ab und zu auch über den eigenen Schatten zu springen.

Elisa, eine Klientin, hatte große Probleme mit ihrem Chef. Die größte Schwierigkeit für sie war es, ihn zu akzeptieren. Sie stellte in vielen Dingen seine Kompetenz infrage, mochte seine Art nicht und versuchte ihm, so gut es ging, aus dem Weg zu gehen. Im Rollenspiel konnte sie erleben, wie unangenehm sich diese an Verachtung grenzende Ablehnung anfühlte. Sie wurde sich dabei auch ihres schnippischen Tones sehr bewusst.

Rosen oder Tulpen, völlig egal! Akzeptanz und Respekt in Ihrer Haltung für ihn und er holt Ihnen die Sterne vom Himmel!

Seither hat sich das Verhältnis zu ihrem Chef komplett gedreht. Als Erstes hat sie aufgehört, ihn infrage zu stellen. Dann hatte sie die Aufgabe, sich auf das zu fokussieren, was er konnte, und nicht mehr schlecht über ihn zu reden. Sie sollte aufhören, durch ihre Geschichten andere zu beeinflussen und auf ihre Seite zu ziehen. Sie hat sich darauf eingelassen. Nach und nach hat sie ihre Haltung dem Chef gegenüber gewandelt. Sie hat ihn als Mensch und in seiner Funktion anerkannt. Das hatte eine riesige Entspannung und Annäherung zur Folge. Der Chef merkte schnell, dass sie aufgehört hatte, ihn als falsch anzusehen (wir brauchen dazu keinen Mittelfinger, unsere Augen reichen durchaus). Und heute? Er tut, was er kann, um sie zu unterstützen. Dieser ungeliebte Vorgesetzte ist zum Förderer geworden, der sich erfolgreich bemüht, seine Mitarbeiterin nach vorn zu bringen. Und: Ihr Gehalt hat sich innerhalb eines Jahres fast verdoppelt.

Zu schön, um wahr zu sein? Nein! Am Anfang steht die Entscheidung, die eigene Wahrheit als eine von vielen zu sehen. Und dann die Bereitschaft, die eigene Sicht aufzugeben, die eigene Haltung und das Verhalten zu ändern. Das ist ein Prozess, der sich auch unangenehm anfühlen kann. Doch er lohnt sich! Denn was ist Ihnen wirklich wichtig: Wollen Sie recht haben oder erfüllt leben?

LUST STATT FRUST

»Niemand kann einen anderen davon überzeugen,
sich zu ändern. Jeder von uns hat eine Tür zur Veränderung,
die nur von innen geöffnet werden kann.«

VIRGINIA SATIR

Wir alle wollen mehr Lust als Frust. Doch warum ist das so schwer hinzubekommen? Anstatt den anderen anzuerkennen oder ihm einfach zu sagen, was wir liebenswert an ihm finden, sind wir leider oft viel zu schnell dabei, ihn zu kritisieren. Das ist nicht nur zwischen Mann und Frau so. Denken Sie nur an die Arbeit. Wann wird Feedback gegeben? Meist erst dann, wenn etwas schiefgelaufen ist. Die vielen Male, wo es gut gegangen ist, werden nicht erwähnt, die sind selbstverständlich. Schade, oder? Und kontraproduktiv. Ist es doch mittlerweile hinlänglich bekannt, dass positives Feedback motiviert.

FAKT IST:

◇ Kritik ist der Kommunikationskiller Nummer eins.

◇ Andauernde Kritik ist der Beziehungskiller Nummer eins.

◇ Bestätigung bringt die Kommunikation voran.

◇ Anerkennung lässt den anderen leuchten und verleiht der Beziehung Glanz.

Wenn Sie die Fakten auf der letzten Seite lesen – völlig klar, oder? Theoretisch. Praktisch gibt es dieses Muster und diese Angewohnheit, das Schlechte schneller zu sehen und zu sagen. Es ist eine Gewohnheit. Um uns herum läuft vieles nach diesem Prinzip. Oder kennen Sie eine Zeitung, die nur gute Nachrichten bringt? Eine Klassenarbeit, bei der aufgezählt wurde, was alles richtig war? Das Gute an einer Gewohnheit ist, dass Sie sich umgewöhnen können, wenn Sie das wollen. Am Anfang fühlt sich das komisch an. Ungewohnt eben. Nach ein wenig Übung aber fühlt es sich besser und irgendwann selbstverständlich an. Das Anerkennen wird zur Gewohnheit. Gute Stimmung und eine hervorragende Verbindung zu Ihrem Mann sind die Konsequenz.

KONSTRUKTIV FEEDBACK GEBEN, ABER WIE?

Natürlich ist es wichtig, Rückmeldung zu geben, ob etwas funktioniert hat oder nicht. Ein respektvoll formuliertes Feedback gibt dem Gegenüber die Chance zur Veränderung oder Verbesserung. Zwar sind wir heute vermeintlich alle bereit für konstruktive Kritik, schließlich wird ja auch erwartet, dass wir bereit sind. In der Regel schlägt das Herz aber bei allen schneller und wird tendenziell Stress ausgelöst, wenn eine Kritik angekündigt wird. Sprechen Sie deshalb eher von einer Rückmeldung.

Hier kommt die schlechte Nachricht: Berechtigt oder nicht, einen Mann zu kritisieren heißt, ihm zu sagen: »Du bist nicht gut genug« oder: »Was du gemacht hast, ist nicht gut genug.« Das zu hören, drängt den Mann in die Defensive. Er verteidigt sich oder hält dagegen. Ihre Meinung ist ihm wichtig und Kritik von Ihrer Seite wird ihn davon abhalten, sich Ihnen anzuvertrauen und mitzuteilen. Er wird sich möglichst bedeckt halten, um nichts falsch zu machen und keine weitere Kritik zu kassieren. Doch wie geben wir Feedback so, dass es funktioniert? Das ist die hohe Schule.

IST KRITIK WIRKLICH NÖTIG?

Drei Auswahlfragen können Sie dabei unterstützen herauszufinden, ob eine Kritik tatsächlich unerlässlich ist:

◇ Wie wichtig ist Ihnen der zu kritisierende Punkt? Sterben Sie, wenn Sie es nicht sagen, oder stirbt jemand anderes?

◇ Was wollen und können Sie mit Ihrer Kritik bestenfalls erreichen? Was könnten Sie schlimmstenfalls erreichen?

◇ Ist das, was Sie zu sagen haben, zielführend?

Zu kritisieren ist ebenso zermürbend wie kritisiert zu werden. Kennen Sie das, dass Sie sich plötzlich in einer Rolle wiederfinden, die Sie eigentlich überhaupt nicht bedienen wollen? Dass Sie kleinlich auf Fehlern herumreiten, statt großzügig und humorvoll damit umzugehen? Sie hören sich selbst reden und denken: »Das bin ich doch gar nicht, das will ich nicht sein.« Wenn wir zu viel kritisieren, werden wir zu unserem »schlechteren Ich« und ausrichten tun wir damit oft nichts.

Viel lieber wären wir doch die Meisterin des Anerkennens. Trotzdem rutschen wir leider oft in die Rolle der Meisterin der Kritik. Woran das liegt? Wir haben es nicht anders gelernt, es gibt auch noch zu wenig Vorbilder zum Thema Anerkennung. In der Schule werden im Diktat die fünf Fehler angestrichen und nicht die hundertfünfundvierzig Wörter anerkannt, die wir richtig geschrieben haben.

Vor allem die Perfektionistinnen unter uns sind gefährdet, zu viel zu kritisieren. Und, Hand aufs Herz, in vielen von uns steckt eine kleine Perfektionistin, oder? Haben Sie nicht auch oft eine Idee, wie es anders noch optimaler wäre? »Das ist nicht schlecht, aber er könnte doch …«»Natürlich sieht er gut aus für sein Alter, aber ein paar Kilo weniger …«»Es ist nett, dass du gekocht hast, aber eigentlich esse ich abends keine Kohlenhydrate mehr …«»Danke für die Tulpen. Rosen wären schöner …« Wie er es auch macht, es ist nicht perfekt, nicht gut genug.

Erkennen Sie sich in einem der Beispiele wieder? Wenn ja, dann machen Sie sich klar: So schnell wird er weder wieder Blumen mitbringen noch kochen.

Sie wollen doch sicher »Ihre Blumen bekommen«, oder? Deshalb halte ich Ihnen als Ihr Coach den Spiegel vor, damit Sie sehen, in welche Richtung Sie Ihren Mann drängen.

Vielleicht erkennen Sie auch Ihren Mann in einem der Beispiele wieder. Denn natürlich üben auch Männer Kritik und natürlich wissen auch Männer vieles besser (oder glauben, es besser zu wissen). Doch in diesem Buch geht es nun einmal darum, was wir Frauen machen können, um eine erfülltere Beziehung zu haben. Bekanntermaßen können wir ja »nur« uns und nicht ihn ändern. Doch das Gute ist, wenn wir etwas anders machen, rufen wir auch eine Veränderung unseres Gegenübers hervor.

FELDFORSCHUNG

Vor einiger Zeit leitete ich ein Training mit etwa vierzig männlichen Teilnehmern. Das war Zufall. Sie können sich vorstellen, dass ein Training mit »nur« Männern anders abläuft als ein gemischtgeschlechtliches oder ein rein mit weiblichen Teilnehmerinnen besetztes. Denn dass Männer und Frauen unterschiedlich agieren, ist schon lange kein Geheimnis mehr.

Nun, das Training lief gut, die Männer zeigten sich interessiert an den von mir vorgestellten Inhalten. Richtig neugierig und präsent wurden sie am Abend, als wir (fast) alle zusammen an der Bar den Tag ausklingen ließen. Im Verlauf des Gesprächs kamen wir auf das Mann-Frau-Thema. Die Männer hatten mitbekommen, dass ich »Frauentrainings« anbiete. Schnell kamen die typischen Kommentare hoch: »Ihr erzählt euch da wohl gegenseitig, wie schlimm wir Männer sind« oder »Ihr tauscht euch da bestimmt darüber aus, was wir alles falsch machen«.

Als ich sagte, dass es darum nicht gehen würde, sondern vielmehr darum, dass Frauen in diesen Tagen zum einen reflektieren, was sie tatsächlich wollen, und zum anderen überprüfen, ob ihr eigenes Verhalten zielführend ist oder nicht, waren die Männer überrascht.

Ich fand es ausgesprochen interessant, in welche Richtung die Männer dachten.

Ich nahm die Gelegenheit für eine kleine »Feldforschung« wahr und fragte die Anwesenden, was sie besonders stört oder beschäftigt und was sie sich von den Frauen in ihrem Umfeld wünschen. Besonders beeindruckt hat mich ein junger Mann, so um die dreißig, verheiratet, zwei kleine Kinder. Abseits der Gruppe suchte er das Gespräch mit mir, um mir zu erzählen, dass er sehr unglücklich und verzweifelt sei. Er schilderte, dass er seine Frau sehr liebe und auch seine Kinder, dass er aber überhaupt keine Lust mehr habe, nach Hause zu gehen, da seine Frau nur noch genervt wäre und er das Gefühl habe, alles falsch zu machen. Die Folge sei, dass er sich immer mehr zurückziehe, seine Frau sich immer mehr im Stich gelassen fühle, ihm noch mehr Vorwürfe mache, woraufhin er sich weiter zurückziehe … Herzlich willkommen in der Dramaspirale.

Ich habe ihm erklärt, in welcher unguten Dynamik sie sich gerade befänden und dass er die Möglichkeit habe, etwas anders zu machen, da er nun das Muster kennen würde. Aus der Beziehung der beiden hatte sich die gegenseitige Anerkennung verabschiedet. Und sie galt es wieder zurückzubringen. Ich fragte ihn also, wofür er seine Frau besonders anerkenne, und er konnte mir ohne Zögern viele Punkte nennen. Als ich ihn fragte, wann er seiner Frau dies zuletzt gesagt habe, gingen ihm ein paar Kronleuchter auf. Und er nahm sich vor, seiner Frau am nächsten Tag diese Anerkennung zu geben. Ich hoffe, er hat es getan. Und wieder einmal dachte ich, dass es für uns Menschen so viel im Umgang miteinander zu lernen gibt. Und dass es so leicht sein könnte.

JETZT WIRD ES MAL KURZ UNGEMÜTLICH ...

Ein anderer Mann erzählte, dass er seiner Lady keine Blumen mehr mitbringen würde. Das letzte Mal, als er ihr eine Freude machen wollte und ein Geschenk dabeihatte, meinte sie nur: »Was hast du ausgefressen?« Ein gutes Beispiel dafür, wie wir Frauen unseren Männern abtrainieren, uns zu beschenken.

Dieses Beispiel erzähle ich auch im Training oft. Und glauben Sie mir, viele meiner Teilnehmerinnen fühlen sich liebevoll ertappt und fast jede kann ein ähnliches Beispiel beitragen. Diese Offenheit ist genial, dahinter steckt nämlich ein Erkenntnisgewinn. Es ist überhaupt nicht schlimm, Dinge falsch zu machen, entscheidend ist, dass wir erkennen, dass es besser geht, und wir es beim nächsten Mal anders machen – und dann viel häufiger als jemals zuvor Blumen bekommen.

Also: Vergessen Sie Ihre Verbesserungsvorschläge und Optimierungsideen. Auch wenn es manch einer schwerfällt, das zu lesen oder gar zu glauben: Wir Frauen sind nicht das Maß aller Dinge. Oft entstehen Konflikte, weil wir irgendetwas anders haben wollen, eine bestimmte Idee verfolgen, wie der Haushalt zu führen ist oder wo der Schlüssel zu liegen hat. Doch vergessen wir dabei nie: Unser Gegenüber hat eventuell andere Ideen oder Maßstäbe als wir. Und diese Maßstäbe sind nicht falsch, sondern nur anders.

In meinen Seminaren diskutieren wir immer wieder darüber, »warum er Dinge so und nicht anders macht«, was übersetzt heißt: »Warum macht er es nicht einfach so, wie ich es will?« Wir hätten gern, dass es so gemacht wird, wie wir uns das vorstellen. Doch damit stellen wir unsere Vorstellungen über seine. Unsere Weltsicht über seine. Unsere Ästhetik über seine. Das sollte uns klar sein und das sollten wir immer wieder infrage stellen. Unserem Glück zuliebe.

ANKLAGEN TUT BEIDEN SEITEN WEH

Gleichzeitig ist es wichtig, dass Sie sich selbst im Blick haben. Das, was Sie wollen, und das, was Sie nicht wollen. Wie ist es bei Ihnen? Haben Sie sich selbst gut im Blick? Geben Sie rechtzeitig Feedback, wenn Ihnen etwas nicht gefällt oder Sie es anders haben möchten?

Vielleicht warten Sie dann und wann zu lange mit einem Feedback. Eventuell stellen Sie sich selbst und Ihre Bedürfnisse zu häufig hintenan und nehmen Ihre Belange nicht ernst genug. Dann ist es Zeit, das zu ändern. Werden Sie sich klar, was Sie wollen und was nicht, und dann formulieren Sie Ihre Anliegen. Denn wenn Sie das nicht tun, ist Unzufriedenheit die Folge und eventuell schleichen sich Schuldzuweisungen in Ihre Kommunikation. »Du hast schon wieder…!«, »Du bist einfach unfähig…!« oder »Weil du dich so verhalten hast, konnte ich gar nicht anders!«

Kommt Ihnen das bekannt vor? Das Beschuldigen und das Anklagen? Wer kennt sie nicht?

Mit Anschuldigungen sind wir meist schnell. Doch es dauert, ihre Folgen aus der Welt zu schaffen.

Wie gesagt, es kann dazu kommen, dass wir andere beschuldigen, weil wir unzufrieden sind oder uns unglücklich fühlen. Wir geben die Verantwortung für uns ab und versuchen, einen Täter auszumachen. Doch wird die Situation dadurch tatsächlich besser? Nein, natürlich nicht. Denn der Beschuldigte duckt sich entweder weg, ist beleidigt, verstummt oder er fängt an, Sie zu beschuldigen. Und schon finden Sie sich im schönsten Pingpong des gegenseitigen Anklagens wieder, auf der »Stairway to hell«. Ein Mann auf der Anklagebank hört auf, sich anzustrengen. Ihr Mann fühlt sich sehr wahrscheinlich sowieso verantwortlich dafür, wie es Ihnen geht. Und es kommt ihn hart an, wenn Sie unglücklich sind. Anstatt ihn also zum Täter und sich selbst zum Opfer zu machen: Geben Sie ihm die Chance, Sie zu unterstützen, und gehen Sie selbst in die Verantwortung für Ihr Glück. Beschuldigen Sie weder ihn noch sich selbst, die Schuldfrage bringt Sie in einer Beziehung nicht weiter.

Die Frage, was Ihnen wichtig ist, wie Sie gemeinsam etwas besser machen oder ein Problem lösen können, schon. Das Leben liegt wie ein bunter fliegender Teppich vor Ihnen. Entscheiden Sie, wohin Sie fliegen möchten!

GANZ PRAKTISCH:
ZURÜCK AUF DIE »STAIRWAY TO HEAVEN«

Vier einfache Schritte und die Talfahrt zur Hölle kommt ins Stoppen. Seien Sie ehrlich mit sich selbst und kommen Sie zurück in die Aufwärtsspirale.

◇ Fragen Sie sich selbst, was Sie gerade so unglücklich oder unzufrieden macht.

◇ Überlegen Sie dann, was Sie selbst an der Situation ändern können?

◇ Überlegen Sie auch, was er konkret an der Situation ändern könnte, und sagen Sie es ihm.

◇ Gehen Sie in Aktion!

SCHON VERGESSEN? ER IST UNVERGLEICHLICH

»Du bist einzigartig« oder »Einen Mann wie dich habe ich noch nie kennengelernt«. Sagen Sie das einem Mann und Sie können erleben, wie schnell er weiterwächst und aufblüht. Für dieses Statement wird er Sie lieben und es spornt ihn an, Sie rundum glücklich zu machen.

Wenn Sie einen Mann nicht zum Schweigen bringen wollen, dann meiden Sie Vergleiche jeder Art. Vor allem Vergleiche mit einem Konkurrenten oder Kollegen, dem eigenen Vater oder einem Verflossenen von Ihnen.

Denn – wer lässt sich schon gern vergleichen? Ein Mann bestimmt nicht. Jeder Mann bewertet, ob das, was Sie sagen, respektvoll oder respektlos ist. Ihn

Mehr Anerkennung geht nicht. Zeigen Sie ihm: Er ist der »one and only« und Sie sind seine Herzdame!

mit anderen Männern zu vergleichen, ist für ihn absolut respektlos. Es schlägt eine Wunde in sein Selbstwertgefühl und er fühlt sich schlecht und beschämt. Besser ist es also, dass Sie sich zurückhalten mit Anmerkungen wie »Petras Mann macht das immer für sie« oder noch schlimmer »Für meinen Exfreund war das kein Problem«.

Es reicht auch schon, wenn Sie den Satz beginnen mit »Andere Männer...«. Garantiert gehen nach diesen zwei Wörtern die Ohren schon zu und die Bereitschaft, Ihnen Aufmerksamkeit zu schenken, rutscht gegen null. Vergleiche haben für Männer weder etwas Anspornendes noch etwas Motivierendes.

Erst neulich hatte ich eine kleine Diskussion mit einer Klientin darüber. Sie war der Überzeugung, dass es ihren Freund anspornen würde, wenn sie ihn ab und zu mit seinen Vorgängern vergleichen würde. Ich fragte sie, wie er denn auf diese Vergleiche reagiert hätte. Sie räumte ein, dass seine Reaktionen eher wortkarg und angesäuert gewesen seien, gleichzeitig war sie immer noch überzeugt davon, dass er sich das schon zu Herzen nehmen, an sich arbeiten und sich verbessern werde. Diese These hielt ich für sehr gewagt, was ich ihr auch sagte.

Ich schlug ihr vor, es einmal anders anzugehen und ihm zum Beispiel zu sagen, dass er für sie der Beste und der Einzige sei und dass sie ihn genau so, wie er sei, haben wolle. Sie hat es ausprobiert. Anstatt ihn in den Vergleich zu stellen, hat sie ihm »einfach« gesagt, was sie besonders an ihm schätzt. Sie sagte ihm, dass er in ihrem Leben einen großen Unterschied machen würde und sie sehr glücklich und dankbar sei, dass sie ihn habe. Kein Wort davon war gelogen. Bislang war sie nur einfach nicht darauf gekommen, ihm das so zu sagen. Für sie lag das auf der Hand, sie wusste ja, dass sie so fühlte und dachte. Ihren Fokus hatte sie zuvor stattdessen auf den Dingen, die »noch besser« laufen könnten. Ein häufiger Fehler.

Eine todsichere Anleitung zum Unglücklichsein: den Fokus immer auf dem halten, was nicht so toll ist.

Und seine Reaktion? Keine Spur von wortkarg oder gar Rückzug. Laut ihrer Erzählung strahlte er übers ganze Gesicht und überschlug sich den restlichen Abend darin, sie zu verwöhnen. Er freute sich so über das Feedback, dass auch er anfing, ihr zu erzählen, wie großartig sie sei. Die beiden hatten einen fantastischen Abend. Mehr wollte sie darüber nicht verraten …

Sie war sehr beeindruckt davon, wie anders der Abend gelaufen war. Sie hatte auf die Vergleiche verzichtet und dafür einfach gesagt, was sie an ihm schätzt und mag. Und das Ergebnis spricht für sich.

Und sie weiß mittlerweile wahrscheinlich nicht einmal mehr die Namen seiner Vorgänger. Wieso auch? Vergleiche hat sie aus ihrem Repertoire gestrichen. Er ist so, wie er ist, ganz einzigartig und einfach unvergleichlich!

Die Grundlage für eine gelungene Kommunikation und eine gute Verbindung ist es, aus der Bewertung auszusteigen.

Wir haben fast immer eine Idee, eine Interpretation oder eine Bewertung im Kopf, wenn wir mit jemandem sprechen. Nach etwa der Hälfte des Satzes vom Gegenüber formulieren wir im Kopf schon unsere Entgegnung, Meinung, Widerlegung oder manchmal auch Zustimmung. Doch es geht eben auch anders.

TIPP

Geschriebene Anerkennungen funktionieren natürlich auch. Verteilen Sie Post-its oder kleine Zettel mit Anerkennungen in der Wohnung für Ihren Liebsten. Damit verteilen Sie Liebe und Freude und schüren seine Vorfreude auf Ihr Heimkommen.

DER GLAUBE VERSETZT BERGE UND MACHT MÄNNER ZU PRÄSIDENTEN

»Hinter jedem erfolgreichen Mann steht eine großartige Frau.« Und umgekehrt! Kennen Sie folgende Anekdote? Michelle und Barack Obama sind gemeinsam im Auto unterwegs und müssen tanken. Sie fahren an eine Tankstelle, der Tankwart kommt. Erstaunt beobachtet Barack, wie seine Frau Michelle aufspringt, den Tankwart umarmt und ausruft: »Peter, wie schön, dich wiederzusehen!«

Als Michelle und Barack die Tankstelle wieder verlassen, sagt Barack mit einem amüsierten Lächeln zu seiner Frau: »Da kannst du ja wirklich froh sein, dass du mich geheiratet hast, sonst wärst du heute Tankstellenbesitzerin.« Sie lächelt ebenfalls und entgegnet: »Oh nein, mein Schatz, wenn ich Peter geheiratet hätte, wäre er heute Präsident!«

Der Glaube einer Frau an einen Mann kann Berge versetzen. Sie können einen Mann groß herausbringen, wenn Sie an ihn glauben und in seinem Team spielen, anstatt ihn zu belehren oder Ratschläge zu erteilen. Zuhören, verstehen und bestärken – damit werden Sie sein Coach! Und damit wird er umso glücklicher sein, Sie an seiner Seite zu haben.

RATSCHLÄGE MÖGEN GUT GEMEINT SEIN, DOCH ES SIND AUCH SCHLÄGE

Leider ist das wahr. Dabei gehen sie einem doch so leicht über die Lippen, quasi ohne Anstrengung. Und – meistens – sind sie ja auch wirklich gut gemeint. Doch auch hier gilt: »Gut gemeint ist nicht gut gemacht!«

Wenn Ihr Liebster oder der potenziell Liebste Ihnen von Schwierigkeiten oder Herausforderungen bei einem anstehenden Projekt erzählt, was will er dann sicher nicht von Ihnen hören? Eine Lösung oder einen Ratschlag! Und was möchte er, was ist ihm wichtig? Anerkennung! Für seine schwierige Situation. Dafür, was er alles zu tun hat. Oder für das, was ihn aktuell beschäftigt. Er möchte, dass ihm mit tiefem Interesse und Aufmerksamkeit zugehört wird. Er möchte fühlen, dass er verstanden wird. Er möchte keine Ratschläge. Er will sich nicht klein und dumm fühlen oder als bedürftig wahrgenommen werden.

Er ist ein Held, der viel leistet und manchmal auch eine Menge aushalten muss. Das sollten Sie anerkennen.

Hören Sie zu, versuchen Sie ihn zu verstehen und vermitteln Sie ihm, dass Ihnen wichtig ist, dass er sich Ihnen mitteilt und was er Ihnen erzählt. Sagen Sie ihm Sätze wie: »Das ist gerade wirklich eine schwierige Situation.« »Wow, was für eine Herausforderung – mit dir haben sie den Richtigen gewählt.« Oder: »Ich sehe, dass du unglaublich viel leistest. Das ist bestimmt immer wieder auch sehr anstrengend, wenn du …« Wiederholen Sie in Ihren Worten, was er gesagt hat. Und sagen Sie es mit einem anerkennenden Tonfall. Das reicht! Mehr ist gar nicht nötig, um eine überaus freundliche Stimmung zu erzeugen. Eine Stimmung, die Ihnen beiden guttut.

Vielleicht wird er Sie dann sogar nach Ihrem Rat fragen. Und das ist die einzige Situation, in der Sie dann Ratschläge geben dürfen. Sie haben eine vertrauensvolle Situation kreiert. Er fühlt sich gesehen, gehört und verstanden. Und zwar von Ihnen. Dafür wird er Sie lieben und schätzen. Sie sind für ihn unschätzbar wichtig. Ihnen kann er vertrauen. Sie glauben an ihn – Sie sind wie sein bester Coach.

ANERKENNUNG, MEHR BRAUCHT ES NICHT

Meine Klientin Maria erzählte:»Neulich stand mein Mann vor einer größeren beruflichen Herausforderung. ›Natürlich‹ hatte ich gleich einen Ratschlag getarnt als gute Idee für ihn parat. Doch ein Blick von ihm brachte mich zum Schweigen und zur Kehrtwendung. Schließlich habe ich im Coaching gelernt und begriffen, was Männer zu ihrer Unterstützung brauchen: den unverbrüchlichen Glauben an sie und viel Anerkennung. Und so sagte ich nur:»Du machst das schon, Schatz, you are simply the best!« Sein Strahlen zeigte mir, dass ich dieses Mal genau das Richtige gesagt hatte. Es ist wirklich so einfach! Ich spreche sogar gern so mit ihm – und fühle mich dabei irgendwie unabhängig von seiner Reaktion. Denn die Freude an dieser Kommunikation habe ich ja eh schon.«

GANZ PRAKTISCH: ZUR MEISTERIN DES ANERKENNENS WERDEN

Mit diesen vier Anregungen werden Sie zur Meisterin des Anerkennens. Ihr Mann wird es Ihnen danken. Ihre Beziehung ebenfalls:

◇ Anerkennung fängt immer bei uns selbst an.

◇ Schenken Sie sich selbst viel Anerkennung. Das tut gut und lässt Ihren Selbstwert wachsen. Alles erhält Leichtigkeit.

◇ Achten Sie auf Ihre Wachheit. Wenn Sie mitbekommen, was er tut, können Sie es auch benennen. Damit schulen Sie auch Ihre Beobachtungsgabe.

◇ Halten Sie Ihr Herz für ihn geöffnet. Das geht leichter, wenn Sie Ihren Fokus auf den Eigenschaften halten, die Sie an ihm mögen. Was kann er richtig gut? Wofür schätzen Sie ihn besonders? Was war es, dass Sie sich in ihn verliebt haben?

EINES IST SICHER:
DRUCK BEWIRKT GEGENDRUCK

Lassen Sie mich an dieser Stelle ein weiteres Beispiel erzählen, um die Kraft von Akzeptanz und Anerkennung deutlich zu machen: Neulich hatte ich eine Session mit einer Klientin. Statt wie ausgemacht direkt über ihr aktuelles Businessprojekt zu sprechen, sprachen wir zuerst über ihre Beziehung, die sie zu diesem Zeitpunkt sehr stark beschäftigte. Sie war unzufrieden mit der Verbindung zu ihrem Partner und erzählte mir auch, dass sie verstärkt Zweifel hätte, ob er der Richtige für sie sei. Ausgelöst wurde diese Frage durch den Punkt, dass er wenig beruflichen Ehrgeiz zu haben schien. Darüber ärgerte sie sich und stellte ihn und die ganze Beziehung immer mehr infrage.

In meiner Arbeit mit Frauengruppen und Einzelpersonen erlebe ich die Kraft von »Wie man mit Männern spricht« tagtäglich live und hautnah.

Ich fragte sie, zu welcher Zeit die Verbindung besser und stabiler gewesen sei. Sie antwortete, dass das gewesen sei, als sie den Kurs »Wie man mit Männern spricht« bei mir besucht hatte. Ich fragte sie, was damals anders gewesen sei. Nach kurzem Überlegen antwortete sie, dass sie ihren Partner damals so akzeptiert hätte, wie er war. Sie hatte verstanden, wie wichtig es ist, aufmerksam zu sein. Sie hatte ihn nicht ändern wollen und war einfach neugierig auf das, was noch kommen würde. Sie erzählte mir auch, dass ihr Freund damals von allein auf die Idee gekommen sei, sich beruflich zu verändern, eventuell sogar noch einmal zu studieren. Das war genau das gewesen, was sie wollte.

Zu diesem Zeitpunkt hatte sie ihn also akzeptiert, wie er war, und sie hatte an ihn geglaubt. In dieser von Anerkennung und Offenheit geprägten Atmosphäre waren ihr Partner und sie entspannt, das Thema Zukunft und berufliche Veränderung war ein selbstverständliches.

Ich fragte nach, was heute anders wäre im Vergleich zu dieser Zeit. Sie musste grinsen und sagte, dass sie das mit der Akzeptanz vergessen hätte. Sie sei in das alte Muster von Anklage, Kritik und guten Ratschlägen zurückgefallen. Das ist das normale Muster, das wir wahrscheinlich alle kennen. Jemand tut nicht, was er unserer Meinung nach tun sollte, oder er benimmt sich anders als erwartet oder als wir es wollen. In solchen Situationen muss die Akzeptanz und Anerkennung oft der Kritik weichen, weil wir annehmen, dass es nur so zu der gewünschten Verhaltensänderung kommen kann. Natürlich wissen wir irgendwo auch, dass das nicht klappt. Aber wir rutschen in das vertraute kritische Verhalten.

Wie uns das eben beschriebene Beispiel sehen lässt, erreichen wir damit das Gegenteil von dem, was wir eigentlich wollen. Kritik schafft Abstand und Entfremdung. Akzeptanz und Anerkennung schaffen Nähe und Vertrauen und lassen vieles, auch das vollkommen Unerwartete, möglich werden. Kerstin, eine Seminarteilnehmerin, schrieb mir:»Am Anfang war es total ungewohnt, meinen Mann so oft anzuerkennen. Ich kam mir wirklich komisch vor. Ihm gefiel es von Anfang an gut. Er meinte, ich wäre viel milder geworden. Mittlerweile finde ich es natürlicher anzuerkennen als zu kritisieren. Wir achten jetzt beide auch viel mehr auf alles Positive und dann sagen wir es einfach. Das fühlt sich sehr, sehr gut an.«

TIPPS ZUM ERINNERN

◇ Es wächst immer das, worauf Sie Ihren Fokus richten.

◇ Je mehr Anerkennungen Sie verteilen, desto mehr Anerkennung werden Sie bekommen.

Kurz und bündig: Das sagt der männliche Coach dazu

Aufmerksamkeit, Akzeptanz und Anerkennung sind gerade für Männer die allerbesten Zutaten für eine gute Beziehung. Aufmerksamkeit ist ja eher das Lebenselixier der Partnerinnen und hier haben die meisten Männer zugegebenermaßen noch viel Luft nach oben: »Schatz, soll ich dieses Kleid anziehen oder das, das ich gestern anhatte?« *Es gibt nicht viele Männer auf diesem Planeten, die diese Frage fundiert beantworten können.*

Wir Männer brauchen Anerkennung in der Paarbeziehung wie die Luft zum Atmen. Ein respektvoller Umgang ist für uns deshalb enorm wichtig, weil er ganz entscheidend für unsere Position und unseren Status in einer Beziehung ist. Fühlen wir uns von unserer Partnerin verlässlich akzeptiert und respektiert, gibt es nichts, was wir nicht für sie tun würden – dann laufen wir wirklich zur Höchstform auf. Wenn's sein muss, holen wir auch die Sterne vom Himmel – und haben noch Spaß dabei! Also niemals mit Anerkennung geizen: Anerkennung hat bei uns Priorität eins – außer vielleicht... Sie wissen schon.

Instrument drei: Klarheit

Nur wenn Sie wissen, was Sie wollen und wie Sie es richtig formulieren, kann er Sie auch verstehen. Und Sie kommen viel leichter, wohin Sie möchten.

WER NICHT SAGT, WAS ER WILL, BEKOMMT NICHT, WAS ER WILL

»Frauen möchten in der Liebe Romane erleben,
Männer Kurzgeschichten.«

DAPHNE DU MAURIER

Im Einzelcoaching bereite ich mit Klientinnen und Klienten in individuellen Rollenspielen oft vermeintlich schwierige Gespräche vor. Das Wichtigste für so ein Gespräch, und dabei ist es egal, ob es um das Gehalt oder das Ziel des nächsten Sommerurlaubs geht, ist zu wissen, was man will. Im Laufe der Jahre und in Dutzenden von Rollenspielen habe ich bemerkt, dass Frauen genau das oft nicht wissen oder nicht sagen. Auf die Frage: »Welche Gehaltsvorstellungen haben Sie?« folgten Antworten wie »Es sollte nicht weniger sein, als ich jetzt habe« oder »Darüber habe ich mir noch keine Gedanken gemacht«. Neulich überraschte mich eine Klientin mit der Aussage: »Ich würde auch umsonst in dieser Firma arbeiten.« Natürlich sehe ich in dieser Antwort auch den großartigen Punkt, dass sie ihre Arbeit liebt und dabei extrem loyal ist. Bezogen auf ihre Karriere und ihre Gehaltsvorstellungen, die sie ja irgendwo in sich auch hatte, war die Aussage allerdings verheerend.

Antje, eine Klientin, erklärte ihrem Freund, dass sie sich mehr kreative Quality time mit ihm wünsche. Er sagte daraufhin: »Was genau willst du von mir und wann?« Darauf war sie nicht vorbereitet und sagte ihm das auch so: »Das habe ich mir noch nicht so konkret überlegt, einfach mehr Qualitätszeit eben…«

Auch in diesem Fall wäre es besser gewesen, sie hätte sich vorher überlegt, was sie tatsächlich will, um es dann klar und eindeutig zu formulieren. Dann hätte sie zum Beispiel sagen können: »Schatz, ich möchte mehr Zeit mit dir. Ich stelle mir vor, einmal in der Woche abends essen zu gehen, da haben wir Zeit, ohne Ablenkung zu reden, und lernen neue Restaurants kennen. Einverstanden?«

Je genauer Sie wissen und innerlich formulieren können, was Sie wollen, desto treffsicherer werden Ihre Aussagen im Gespräch sein. Und umso eher erreichen Sie Ihr Ziel. Wenn Sie sich Ihre Ziele klarmachen und während der Unterhaltung dabei bleiben, lassen Sie sich auch weniger schnell ablenken. Sie haben Ihr Ziel im Fokus. Das hilft Ihnen, den berühmten roten Faden zu behalten oder das Gespräch immer wieder auf ihn zurückzuführen.

> *»Seit ich schneller auf den Punkt komme und meinem Freund direkt sage, was ich will, haben wir deutlich mehr Fun zusammen. Wahrscheinlich, weil ich schneller kriege, was ich will. Witzigerweise scheint ihm das auch Spaß zu machen.«*
> *Carmen, eine Klientin*

DREI FRAGEN

Bevor Sie in ein wichtiges Gespräch gehen: Definieren Sie Ihr Ziel! Machen Sie sich klar:

◇ Was wollen Sie und was wollen Sie speziell in diesem Gespräch erreichen?

◇ Was ist Ihnen wichtig?

◇ Welche Frage wollen Sie unbedingt stellen und welche Antwort wollen Sie unbedingt erhalten? (Oder entscheiden Sie, sich überraschen zu lassen?)

Wie ist das bei Ihnen: Überlegen Sie sich, was Sie möchten, bevor Sie mit Ihrem oder einem Mann darüber sprechen? Probieren Sie es aus, nehmen Sie sich vor wichtigen Anlässen kurz ein paar Minuten Zeit, um innere Eindeutigkeit zu bekommen. Sie werden feststellen, dass Sie in der entscheidenden Situation klarer sind und souveräner kommunizieren, was Sie wollen. Die Wahrscheinlichkeit, dass Sie es bekommen, steigt damit natürlich ordentlich an.

GANZ PRAKTISCH:
INNERE UND ÄUSSERE HALTUNG

Stehen Sie auf und fangen Sie an, langsam im Raum herumzugehen. Lassen Sie dabei die Schultern hängen. Schauen Sie Richtung Boden. Sie können sogar mit den Füßen über den Boden schlurfen. Machen Sie das ein bis zwei Minuten lang.

Wie fühlen Sie sich jetzt? Fröhlich oder unglücklich? Motiviert oder resigniert? Fit oder müde?

Nachdem Sie festgestellt haben, wie es Ihnen geht, schütteln Sie sich kurz. Dann nehmen Sie die Schultern zurück und richten Ihr Brustbein bewusst auf. Atmen Sie tief durch. Heben Sie Ihren Kopf an und schauen Sie geradeaus. Laufen Sie nun in dieser Körperhaltung ein bis zwei Minuten durch den Raum. Lächeln Sie – ohne Grund!

Wie geht es Ihnen jetzt? Gleich oder anders?

Bestimmt anders. Sie müssten sich jetzt besser als vorher fühlen. Wacher, motivierter und glücklicher.

KLARHEIT IN DER AUSSAGE, KLARHEIT IM AUFTRETEN

Neben der Klarheit zu wissen, was Sie wollen, spielt auch die Klarheit im Ausdruck und im Auftreten eine Rolle. Wissen wir doch alle von Paul Watzlawick, dass »man nicht nicht kommunizieren kann«. Alles an uns kommuniziert. Und ich erzähle Ihnen nichts Neues, wenn ich darauf hinweise, dass hängende Schultern eine andere Aussage haben als eine aufrechte Haltung. Dass Blickkontakt Verbindung schafft, fehlender Blickkontakt hingegen für Irritation sorgt. Dass ein Lächeln den Unterschied machen kann.

Die Körperhaltung ist Teil der nonverbalen Kommunikation und sie beeinflusst auch unsere Stimmung. Bevor Sie also in eine Situation oder ein Gespräch gehen, können Sie sich Ihrer Körperhaltung bewusst werden und diese verändern.»Brust raus und lächeln« – das wirkt und macht selbstbewusst. Probieren Sie es mit der Anregung auf der Seite zuvor aus.

KLARHEIT SCHLÄGT KOPFKINO UND ROMANTIK

Ihr Tagebucheintrag: Am letzten Wochenende hat sich mein Partner richtig seltsam verhalten. Wir hatten ein ganz gemütliches Wochenende geplant. Kino, essen gehen und viel Couch-Potatos sein. Am Samstagabend kam ich etwas später als geplant nach Hause und wir entschieden (ich dachte gemeinsam), uns eine Pizza zu bestellen und eben erst am Sonntag essen zu gehen. Vielleicht hat er sich darüber geärgert. Auf alle Fälle war unsere Verbindung richtig schlecht und wir haben kaum miteinander gesprochen. Deshalb habe ich nach der Pizza vorgeschlagen, doch noch auf ein Glas auszugehen, ich hatte die Hoffnung, dass das die Stimmung heben würde. Wir sind in unsere Lieblingskneipe, die Stimmung wurde dort leider nicht besser. Er blieb wortkarg und schien auch nicht ganz anwesend zu sein. Auf meine Frage, ob irgendwas sei, antwortete er nur »Nein«. Dabei konnte ich es natürlich nicht belassen und ich fragte ihn weiter, ob ich etwas falsch gemacht hätte und ob er sauer auf mich wäre. Er sagte, dass alles okay wäre und dass ich mir keine Gedanken machen solle. Ich habe ihm dann gesagt, dass ich ihn sehr liebe und er mein absoluter Traummann sei. Er sagte darauf nichts und lächelte nur. Warum hat er nicht einfach auch gesagt, dass er mich liebt und ich auch seine Traumfrau bin? Das ist doch nicht so schwer!

Später zu Hause war die Stimmung immer noch unverändert und ich war mir fast sicher, dass er mit mir Schluss machen würde. Was sollte sonst los sein? Er hat sich noch die Sportschau angeschaut und hat mich dabei überhaupt nicht beachtet. Ich bin dann ins Bett gegangen.

Kurz darauf kam er auch ins Bett und fing überraschenderweise an, mit mir zu schmusen, und wir hatten dann super Sex. Trotzdem konnte ich das Gefühl nicht loswerden, dass er nicht ganz bei der Sache und irgendwie anders als sonst war. Mit dieser Unsicherheit wollte ich nicht einschlafen und deshalb wollte ich endgültig klären, was los ist. Als ich ihm sagte: »Wir müssen reden«, war er bereits eingeschlafen. Ich habe dann mein Kopfkissen nass geweint. Ich wusste weder ein noch aus. Und ich war zutiefst überzeugt davon, dass er eine andere hat. Ich beschloss, ihn zu verlassen, bevor er mich verlassen würde!

Sein Tagebucheintrag: Heute hat Bayern München zwar verloren, aber wir hatten echt guten Sex.

»KOPFKINO«

Da ist manchmal ganz schön was los in unserem Kopf. Viele Geschichten, Fantasien und Annahmen schlagen sich darum, Gehör zu finden. Das Beispiel der Tagebucheinträge ist überzeichnet, zweifellos. Doch steckt hinter diesen Übertreibungen nicht auch ein Stück Wahrheit? Die Gedanken gehen schnell spazieren und steuern gern auch Katastrophen an.

Schon Buddha sagte:»Wir sind, was wir denken. Alles, was wir sind, entsteht aus unseren Gedanken. Mit unseren Gedan-

---

DREI FRAGEN UND DREI TIPPS

◇ Womit beschäftigen Sie sich gedanklich?

◇ Welche Gedanken machen Sie glücklich, welche nicht und sind Ihre Gedanken zielführend?

◇ Wo haben Sie Ihren Fokus? Auf den positiven Aspekten Ihres Lebens, Ihres Mannes, Ihres Aussehens – oder eher auf den ausbaufähigen?

Und hier die drei Tipps:

◇ Richten Sie Ihren Fokus auf Ihre Stärken und auf das, was zufriedenstellend und angenehm ist – denn worauf Sie Ihren Fokus haben, das wird wachsen.

◇ Wenn Sie Annahmen treffen oder Hypothesen bilden, dann entscheiden Sie sich für die positiven. Sie haben die Wahl!

◇ »Take Action!« Gehen Sie in Aktion, beschäftigen Sie sich, statt zu grübeln, mit etwas anderem. Das wird Ihnen helfen, das Hamsterrad im Kopf zu verlassen.

---

ken formen wir die Welt.« Es ist daher wichtig, die eigenen Gedanken im Griff zu haben. Unser Denken bestimmt unser Tun, und wenn wir »Unsinn« denken, machen wir auch »Unsinn«. Und so kreieren wir Umstände und Situationen, die unser Leben und unsere Beziehungen nicht unbedingt besser machen. Wie in dem Beispiel: Sie hat sich so in ihr gedankliches Konstrukt hineingesteigert, dass sie sich einbildete, ihr Freund würde fremdgehen und sie müsse ihm mit der Trennung zuvorkommen. Doch wie ist dieses Gedankenkarussell zu stoppen? Und wie können wir unsere Gedankenwelt positiv beeinflussen? Hier sind drei Fragen und drei Tipps, die Sie unterstützen, der ungewollten oder hinderlichen Spekulationen frau zu werden. Gedanken werden wir uns immer machen. Die Frage ist lediglich: Welche?

WARUM KOMMUNIZIEREN WIR SO UNTERSCHIEDLICH?

Die Soziologin und Linguistin Deborah Tannen beschäftigt sich seit Jahrzehnten mit der Kommunikation von Männern und Frauen. Die Professorin kommt dabei zu dem Fazit, dass es sich beim Gespräch zwischen beiden um einen »interkulturellen Dialog« handelt, da beide nach wie vor in sehr unterschiedlichen Welten leben. Laut Tannen bedeutet ein Gespräch für einen Mann vorrangig Information und für eine Frau Interaktion, bei der es hauptsächlich um Beziehung geht. Dient ihr die Kommunikation eher für Verbindung und Übereinstimmung, stehen bei ihm mehr Wahrung der Autonomie und des eigenen Standpunktes im Fokus. Das führt oft zu den typischen Missverständnissen, da Inhalts- und Beziehungsaspekt permanent durcheinandergeraten. Während er problemlösungsorientiert agiert, geht es ihr oft um emotionale Übereinstimmung. Sie reden aneinander vorbei. Gerade im vertrauten Kreis wollen Frauen sich mitteilen. Die typische häusliche Konstellation in Paarbeziehungen sei nach

*Tannen die des »schweigenden Mannes und der redseligen Frau«.
Viele Frauen sind enttäuscht, wie wenig sie mit ihren Männern
zu Hause bereden können, obwohl diese doch in anderen Zusammenhängen durchaus redselig sein können. Frauen empfinden das Schweigen und Sich-Zurückziehen der Männer als eine
Art »geistigen Geiz«, Männer dagegen erleben sich oft von ihrer
Partnerin bedrängt und gestört.*

KLARHEIT STATT ROMANTIK: EINDEUTIGE ANSAGEN FÜHREN ÜBERALLHIN

Wenn er doch nur Gedanken lesen könnte, wäre alles viel einfacher! Tut er aber nicht! Leider hat er das Gedankenlesen bisher
nicht gelernt und wir Frauen haben auch kein Display auf der
Stirn, auf dem geschrieben steht, was wir wollen oder uns wünschen. Es könnte so einfach sein, wenn dem so wäre oder wenn
die Männer endlich unsere Gedanken erraten könnten. So weit
sind wir aber nicht. Also nehmen Sie bitte niemals an, dass er
weiß, was Sie wollen. Auch An-
deutungen funktionieren nicht.   *Sagen Sie ihm, was Sie wollen –
     Dazu folgendes Szenario: Sie   er weiß es nicht!*
stehen mit einer guten Freundin
vor dem Schaufenster und zeigen ihr, welche Handtasche Ihnen
gefällt. Garantiert weiß Ihre Freundin das auch noch in ein paar
Wochen. Gegebenenfalls gibt Sie Ihnen auch mal einen Tipp,
wenn sie erfährt, dass eben diese Handtasche reduziert ist. Aber
erwarten Sie niemals von Ihrem Mann, dass er sich merkt, von
welcher Handtasche Sie gesprochen haben, oder dass er dieses
vermeintliche Wissen abrufen wird, wenn es darum geht, Ihnen
ein Geburtstagsgeschenk zu kaufen. Diese Erwartung wird sich
nicht erfüllen und Sie werden frustriert und enttäuscht sein.

     Eventuell schleichen sich sogar Gedanken ein wie: »Wenn
er mich richtig lieben würde, wäre er aufmerksamer und dann

wüsste er, was mir gefällt.« Vergessen Sie so etwas ganz schnell wieder. Er will Sie mit dem richtigen Geschenk glücklich machen. Das Letzte, was er will, ist, Sie unzufrieden und unglücklich zu machen. Zum einen hat er dann auch keine gute Zeit mehr mit Ihnen – denn glauben Sie mir, auch er hat lieber eine gute als eine schlechte Zeit mit Ihnen. Und zum anderen bekommt er das Gefühl, nicht in der Lage zu sein, Sie glücklich zu machen. Er fühlt sich unfähig und ungenügend. Kein Stoff, aus dem Träume (oder erfüllte Tage und Nächte) sind.

DAS ERGEBNIS ZÄHLT!

Meine Seminarteilnehmerinnen haben mir diesen Ansatz in Feedbacks vielfach bestätigt. Sie beschrieben, dass sie häufiger das bekommen, was sie sich wünschen, seit sie auf konkrete Ansagen statt auf implizite unausgesprochene Wünsche und Erwartungen setzen. Paula hat eine besonders kreative Lösung gefunden. Vor ihrem Geburtstag und vor Weihnachten macht sie in ihren Lieblingsläden die Runde und sucht sich verschiedene Dinge aus. Die Besitzer oder Verkäufer wissen Bescheid, ihr Freund bekommt die Liste der Läden und entscheidet dann selbst, welches der ausgesuchten Teile er schenken will und wird. Er ist immer auf der sicheren Seite und sie bekommt garantiert auch etwas, das sie wirklich schön findet und möchte. Und ein bisschen Überraschung ist dennoch dabei. Das ist doch eine geniale Lösung, oder?

Seien Sie klar in dem, was Sie ihm sagen, und genießen Sie es! Wenn er weiß, dass er die pinkfarbenen Sterne vom Himmel holen soll und nicht die gelben, wird er es tun. Er wird froh sein zu wissen, was er tun und welche Farbe er bringen soll. Je konkreter die Ansage ist, die er von Ihnen bekommt, desto größer ist seine Chance, alles gut zu machen und die richtigen Sterne vom Himmel zu erwischen. Das ist vielleicht nicht so romantisch, aber von mehr Erfolg gekrönt.

Melanie erzählte:»Ich habe komplett aufgegeben, zu hoffen und zu beten, dass mein Mann mir schenkt, was mir gefällt. Jahrelang gab es Streit nach den Geburtstagen, weil ich fast immer enttäuscht und sauer über die Geschenke war. Und ich hab's persönlich genommen. Ich sage jetzt mit Artikelnummer und Preisangabe, was ich mir wünsche. Das klappt hundertprozentig. Stress gibt es deswegen nicht mehr.«

Männer brauchen und lieben klare Anweisungen. Diffuse Wünsche und unausgesprochene Erwartungen führen zu Verwirrung. Klare Ansagen führen zum Ziel. Zu wissen, was ich will, und zu sagen, was ich will, führt dazu zu bekommen, was ich will. Alles andere ist, als würden Sie Dartpfeile werfen, ohne eine Zielscheibe zu haben – Energieverschwendung. Verabschieden Sie sich von Annahmen und Erwartungen und entscheiden Sie sich, klare Wünsche und Ansagen zu formulieren. Sie werden viel öfter und mit weniger Umwegen Ihr Ziel erreichen.

KLAR UND KONKRET

Helfen Sie ihm und sich selbst, dass Ihre Erwartungen erfüllt werden. Sagen Sie konkret, was Sie sich wünschen. Das ist vielleicht nicht ganz so romantisch, doch Sie werden bekommen, was Sie wollen, und er ist froh, dass er alles richtig und Sie happy gemacht hat. Happy wife – happy life! So kreieren Sie Situationen, in denen es nur Gewinner und Gewinnerinnen gibt.

Auf der nächsten Seite finden Sie Beispiele für eine gelingende und eine weniger gelingende Kommunikation in Sachen Wünsche und Aufforderungen. Sie zeigen noch einmal sehr deutlich: Männer und Frauen ticken – und kommunizieren – einfach unterschiedlich.

UNKLAR FORMULIERTE WÜNSCHE UND AUFFORDERUNGEN

◇ Sie sagt:»Ich würde gern mal wieder ins Ballett gehen.« Er denkt: ›Aha.‹ Und sagt nichts.

◇ Sie sagt:»Nebenan hat ein neuer Italiener aufgemacht.« Er denkt: ›Aha.‹ Und sagt:»Wie heißt er?«

◇ Sie sagt:»Ich habe heute Abend keine Lust mehr zu waschen.« Er denkt: ›Ich auch nicht.‹ Und sagt:»Ist ja auch schon spät.«

KLAR FORMULIERTE WÜNSCHE UND AUFFORDERUNGEN

◇ Sie sagt:»Am nächsten Sonntag wird der Nussknacker in der Staatsoper aufgeführt – du machst mir eine Riesenfreude, wenn du zwei Karten besorgst und mit mir dorthin gehst.« Er sagt:»Sehr gern, mach ich!«

◇ Sie sagt:»Reservierst du uns bitte für morgen Abend einen Tisch beim neuen Italiener? Das wäre super!« Er sagt:»Gern! Wann?«

◇ Sie sagt:»Ich habe heute keine Lust zu waschen, machst du das bitte für mich? Danke!« Er sagt: »Okay.« Und denkt: ›Wenn's sein muss!‹

Bei eindeutig formulierten Wünschen und Aufforderungen weiß er genau, was er tun kann. Er ist auf der sicheren Seite, Sie glücklich zu machen. Das entspannt ihn und bringt Sie ins Ballett und überall anders hin!

TEMPOLIMIT UND DIE
SPUR HALTEN

Lange Vorreden und Erklärungen funktionieren nicht. Wenn Sie sich zu lange mit der Einleitung aufhalten, hat er schon abgeschaltet, bevor Sie auf den Punkt gekommen sind.

Für mich als Trainerin ist es ein großer Unterschied, ob ich ausschließlich Frauen im Seminar habe oder ob es eine gemischtgeschlechtliche Gruppe ist. In den reinen Frauengruppen kann ich bei meinen Geschichten »vom Stöckchen aufs Steinchen« kommen. Ich fange irgendwo an zu berichten, biege erzählerisch mal links und mal rechts ab und platziere nebenbei die eine oder andere Anekdote. Die Frauen folgen mir ganz selbstverständlich. Ich sehe, wie sie mit der Geschichte mitgehen, weil sie lachen, den Kopf schütteln oder nicken. Sie sind dabei. Ganz anders ist das, wenn Männer mit von der Partie sind. Dann muss ich meinen Stil umstellen. Kürzere Sätze. Ein Thema nach dem anderen. Mache ich das nicht, verliere ich die Männer irgendwo auf der Strecke.

Frauen können beiden Spielarten folgen. Ist natürlich auch ganz logisch – sich von Komplexität auf Vereinfachung einzustellen ist leichter als der umgekehrte Weg.

Der Punkt für Sie ist: Verlieren Sie ihn nicht, indem Sie zu oft oder zu schnell das Thema wechseln. Wenn Sie seine Aufmerksamkeit haben und behalten wollen, achten Sie darauf, ihn mitzunehmen. Sie haben beispielsweise gerade noch von einer schwierigen Situation berichtet und er ist im »Ich versuche dich zu verstehen«-Modus oder er hat schon den »Problemlösemodus« angeschaltet und denkt über die verschiedenen Möglichkeiten nach. Und da sind Sie plötzlich bei Themen wie »Was sollen wir eigentlich kochen, wenn Peter und Chris zu Besuch kommen?« Damit weicht seine Aufmerksamkeit der Verwirrung und endet womöglich in Desinteresse. Also bleiben Sie fokussiert. Achten Sie darauf, seine Aufmerksamkeit zu behalten. Wenn Sie am Thema bleiben, folgt er Ihnen. Beobachten Sie ihn. Hat er zu Ende gedacht? Ist er bereit für ein weiteres Thema?

Hilfreich ist auch, einen Themenwechsel anzukündigen. Das hilft ihm zum einen, sich von den bisherigen Themen und Gedankengängen zu verabschieden. Zum anderen kann er dem Gespräch und damit Ihnen viel leichter folgen, ohne sich zu ärgern oder zu langweilen.

Lassen Sie es sich in Fleisch und Blut übergehen, mit Männern ganz bewusst anders zu kommunizieren als zum Beispiel mit Ihrer besten Freundin.

Sie bereiten das Feld für den nächsten Urlaub und schwärmen von den vielseitigen Möglichkeiten, die beispielsweise Sizilien bietet: eine Wanderung am Vulkan, historische Ausgrabungsstätten, leckerstes Essen, interessante Städte, traumhafte Strände, nicht zu vergessen die Geschichte der Mafia … Dann erklären Sie Ihrem Liebsten noch, dass Sie wirklich urlaubsreif sind, da die letzten Monate so anstrengend waren, die Kollegin Petra ist ausgefallen, da ihr Mann Peter schwer erkrankt ist. Und dann die Umstellung der Telefonanlage – ein einziges Chaos. Nicht zu vergessen die Eltern, die immer mehr Zeit und Aufmerksamkeit verlangen. Das Szenario ist klar? Ihnen beim Lesen bestimmt. Doch kann ein Mann, dem dies alles dargestellt wird, noch folgen?

Wenn Sie schon am Punkt waren und dann Erläuterungen hinterherschieben, verliert er den Punkt wieder und ermüdet womöglich. Er war bereits bei der Erwähnung der traumhaften Strände Siziliens bereit, den Urlaub mitzumachen. Doch spätestens bei der Krankengeschichte von Peter war er vom Thema schon wieder Meilen entfernt.

Vermeiden Sie also verschachtelte Sätze, lange Vorreden und Erklärungen und bringen Sie auf den Punkt, was Sie möchten. Sie malen kein Bilderbuch, sondern ein schönes Bild! Er versteht, was Sie wollen, und Sie erreichen, was Sie möchten. Durch Fokus zu mehr Aufmerksamkeit und mehr Erfolg!

BEOBACHTEN STATT SENDEN

Ein wesentlicher Teil der Kommunikation ist bekanntermaßen das Senden: Wie sage ich etwas, wann sage ich etwas, wie kurz sage ich etwas? Hier enden die meisten Konzepte. Und hier, wo die Mehrheit aufhört, fangen wir an. Denn ein anderer, ebenso tief greifender Aspekt der Kommunikation ist das Beobachten. Das Beobachten, ob das, was ich sende und sage, auch bei meinem Gegenüber ankommt. Und nicht nur, ob, sondern auch wie es ankommt. Dafür haben wir unsere Beobachtungsgabe. Achten Sie darauf, können Sie sehen, was passiert, während Sie sprechen. Sie sehen dann, ob er gehört oder ob er verstanden hat – das ist der springende Unterschied.

Beobachten heißt, wach zu sein und die Aufmerksamkeit beim Gegenüber zu haben. Was macht das, was ich sage, mit ihm? Gewinne ich ihn gerade oder verliere ich ihn? Steigere ich

---

TIPP

Denken Sie an das »KISS-Prinzip«: Keep It Short and Sweet! Natürlich liegt die Würze in der Kürze. Doch beim KISS-Prinzip liegt der Fokus gleichermaßen auf der »Sweetness«, auf der Süße des Tons. Der macht die Musik.

seine Aufmerksamkeit oder schläfere ich ihn ein? Verzeihen Sie mir meine Direktheit. Aber als Kommunikationstrainerin weiß ich, dass ein Großteil der Menschen in der Kommunikation nicht darauf achtet, was ihr Gegenüber macht und ob es noch beteiligt ist. Senden ist wichtig, klar. Jeder hat etwas zu sagen und jeder will etwas. Und am Ende wundern sich alle, dass keiner mehr zuhört. In dieser Konversation gibt es keine wirklichen Gewinner. Denken Sie nur an die vielen Talkshows im Fernsehen. Wer interessiert sich dafür, was die anderen Gäste zu sagen haben? Eigentlich wartet jeder nur darauf, endlich an der Reihe zu sein. Zuhören, Interesse am anderen oder an seiner Meinung zu haben, kommt dort doch eher selten vor.

Es ist manchmal kaum auszuhalten, wie sehr sich die Gäste einer Talkshow ins Wort fallen, wie hitzig und letztlich unfruchtbar das Gespräch dabei wird.

Wenn Sie Ihren Mann im Gespräch erreichen wollen: Machen Sie es anders. Sie senden und beobachten gleichzeitig, das ist das einzige Multitasking, das »erlaubt« ist. Hört er noch zu, hält er den Blickkontakt? Ist er am Haken? Sie beobachten und Sie unterscheiden. Geht die Energie bei ihm hoch, wenn Sie etwas sagen, oder geht sie runter? Wenn Sie mit Ihrem Mann sprechen, wird Ihre Verbindung besser oder schlechter? Stellen Sie Nähe her oder Distanz? Welche Kommunikation bringt Sie nach vorn?

WER GENAU HINSCHAUT, SIEHT MEHR

All diese Feinheiten und Informationen über Ihr Gegenüber bekommen Sie, wenn Sie fokussiert und in der Beobachtung bleiben. Verschwenden Sie Ihre Aufmerksamkeit hingegen mit Kopfkino, Beurteilungen und Ähnlichem, fehlt Ihnen die Kapazität, ihn und seine Reaktionen zu beobachten. Dann fehlen Ihnen Informationen und Sie können eventuell nicht rechtzeitig die Richtung oder den Ton ändern und verlassen so leider die Straße Richtung »Los« und enden in der »Badstraße« oder, noch schlimmer: im »Gefängnis«.

Oft werde ich gefragt, was denn meiner Meinung nach in der Kommunikation das Wichtigste sei. Meine Antwort »Don't multitask und gutes Beobachten« verblüfft dann manche der Fragesteller. »Don't multitask« (siehe auch ab Seite 151) steht für ungeteilte Aufmerksamkeit. Die ist ein Riesengeschenk. Wer hört denn heute von Anfang bis Ende zu, ohne zu unterbrechen? Und wie ist das mit dem kurzen Blick aufs Handy? Wie gut, dass wir nicht in die Köpfe blicken können, sonst würden wir manches Mal mitbekommen, worüber unser Gesprächspartner gerade nachdenkt, während wir ihm was erzählen. Das kann schon ziemlich frustrieren.

Wie bestechend ist es andererseits, eine Person zu finden, die sich für uns interessiert. Die uns ins Zentrum ihrer Aufmerksamkeit stellt, zuhört und nachfragt. Völlig zu Recht sprechen wir auch davon, dass »Aufmerksamkeit geschenkt« wird, denn sie ist ein Geschenk.

Stellen Sie sich vor, dass Sie diese Person sind. Sie verteilen das Geschenk Aufmerksamkeit und alle Männer reißen sich darum, an Ihrer Seite zu sein und mit Ihnen zu sprechen, Ihre Aufmerksamkeit zu genießen. Sie entscheiden, wann und wem Sie Ihre Beachtung geben. Sie entscheiden, wer Ihnen zu Ohren oder zu Füßen liegen darf. Wenn Sie eine Frau sind, die zuhören und beobachten kann, werden die Männer an Ihren Lippen hängen und sie werden Ihnen mehr erzählen, als Sie sich träumen können.

> *»Als ich anfing, in der Kommunikation mit Männern aufmerksamer zu sein, fingen die Männer an, meine Nähe zu suchen und mir viel mehr zu erzählen. Aufmerksamkeit wirkt wie ein Katalysator. Ich schenkte dann den Männern meine Aufmerksamkeit, die mich interessierten, damit ich auch den ›Richtigen‹ anziehe. Es hat funktioniert.«*
> *Susanna, eine Klientin*

Beobachtung im Sinne unseres Coachings ist eine Haltung, Menschen mit höherer Wertschätzung, Neugier und Bestätigung zu betrachten. Diese Form der Beobachtung beinhaltet, wach und neugierig zu sein und dabei gegebenenfalls althergebrachte Meinungen und Ansichten über Bord zu werfen. Wenn Sie auch mit Ihren »Augen zuhören«, sehen Sie ganz genau, wie und wann sich das Gesicht, die Mimik, Gestik und sogar die Körperhaltung Ihres Gegenübers verändert. Dann bekommen Sie mit, ob es Ihnen noch folgt, noch folgen will oder noch folgen kann. Sie können entscheiden, wie Sie weitermachen, welchen Weg Sie in der Konversation weitergehen. Sie reden nicht am anderen vorbei und verschaffen sich Gehör.

Beim Beobachten ist Genauigkeit gefragt. »Gleich oder anders?« ist für den Anfang eine gute Unterscheidungsfrage, die Ihnen hilft, erste Informationen zu bekommen. Was hat sich wann und auf welche Weise verändert? Verhält sich Ihr Mann anders als vor dem Gespräch? Wie ist die Stimmung, gleich oder anders als vorher? Und wenn sie anders ist, was ist anders?

Mit der Zeit werden die Tools, die Sie hier erhalten, ganz selbstverständlich für Sie sein. Und dann fließt die Kommunikation mit Ihrem Mann leicht und für beide Seiten erfüllend.

Wichtig ist, dass Ihre Aufmerksamkeit ganz beim Gegenüber bleibt, bei dem, was jetzt gerade geschieht. Sehr oft meinen wir den anderen oder eine Situation zu verstehen, weil wir ähnliche Erfahrungen kennen. Doch dann steigen wir unweigerlich aus der aktuellen Situation aus und in unsere »eigene Geschichte« ein. Wir »verlieren« unser Gegenüber. Sie können Neues über Ihren (Gesprächs)partner erfahren, wenn Sie offen und neugierig sind. Lernen Sie, auch mit den Augen zuzuhören – so können Sie ihn besser lesen und sind auf dem Weg zur Männerflüsterin!

WAS SIE ÜBER GENAUES BEOBACHTEN ERFAHREN KÖNNEN

Kommunikation ist eine komplexe Angelegenheit zwischen mindestens zwei Menschen. Wenn Sie den Mann, mit dem Sie sprechen, genau beobachten, können Sie Ihren Anteil am Gespräch blitzschnell anpassen. Fragen Sie sich dabei:

◇ Ist gerade der richtige Zeitpunkt?

◇ Passt mein Ton?

◇ Folgt er mir noch oder habe ich ihn verloren?

◇ Erreiche ich ihn mit dem, was und wie ich es sage?

◇ Wird die Verbindung zwischen uns enger oder distanzierter?

◇ Ist die Stimmung gleich oder anders?

◇ Zünde ich bei ihm die Lichter an oder lösche ich sie aus? Macht ihn das Gespräch happy und leicht oder macht es ihn traurig und unzufrieden?

TON UND TIMING: »WIR MÜSSEN REDEN«

»Schatz, wir müssen reden.«

DER SATZ, DER NOCH NIE FUNKTIONIERTE

Manchmal ist es so: Gefühlt müssen wir sofort reden, sonst platzen wir. Natürlich, so schnell platzt es sich dann doch nicht. Doch den dringenden Impuls zu einer Aussprache wegzudrücken, ist nicht einfach. Allerdings löst »Wir müssen reden« in ihm nur eines aus: pure Panik! »Was habe ich falsch gemacht?« »Habe ich jetzt ein Problem?« Männer befürchten das Schlimmste, wenn sie diesen Satz hören. Und die Reaktion ist »fight or flight«. Er geht in den Kampfmodus oder er flieht. Er streitet, verlässt die Situation tatsächlich oder geht in den inneren Rückzug. Wissen Sie, wovon ich schreibe?

Es gibt eine einzige spielerische Variante des Satzes, die funktionieren kann: »Schatz, zieh dich aus, leg dich hin, wir müssen reden!« Welcher Mann kann dazu schon Nein sagen? Auf alle Fälle scheint diese Situation für ihn ungefährlich zu sein. Vermutlich werden Sie dann aber vorerst nicht zum Reden kommen… Was Sie mit diesem Satz kreieren können, ist eine Form der Leichtigkeit. Humor blitzt durch, Spaß am Spielen. Probieren Sie es aus, es wird Ihren Mann sicher überraschen – und Überraschungen sind aufregend. Sie halten die Beziehung lebendig.

Natürlich sollen Sie reden. Und Sie sollen ansprechen, was Ihnen wichtig ist oder auf der Seele liegt. Schweigen ist schließlich keine Lösung. Und zu langes Zurückhalten führt irgendwann zu einer Explosion. Und dann den richtigen Ton zu treffen, ist unwahrscheinlich.

Reden Sie. Sagen Sie, was Ihnen auf dem Herzen liegt. Aber achten Sie dabei auf Ihr Timing. Das ist von ausschlaggebender Wichtigkeit. Es geht für Sie darum, etwas Wichtiges zu besprechen, deshalb Augen auf bei der Wahl des Zeitpunktes! Ein guter Zeitpunkt ist, wenn er Zeit hat. Ein ungünstiger Zeitpunkt ist zwischen Tür und Angel, kurz vor der Sportschau oder wenn er die Augen schon für ein Nickerchen geschlossen hat. Dann hat er einfach keinen Nerv für das, was Sie loswerden wollen.

Eine gute Verbindung zu ihm ist eine gute Voraussetzung für ein erfolgreiches Gespräch. Wenn die Verbindung gerade sowieso eher schwierig ist, warten Sie, bis die Stimmung besser ist. Oder Sie kreieren eine bessere Stimmung. Sie können das. Denken Sie an das Kapitel zur Anerkennung. Wofür können Sie ihn anerkennen oder welche interessierte Frage können Sie ihm stellen? Vielleicht scheuen Sie sich auch gerade dann davor, etwas Heikles anzusprechen, wenn es gut läuft: Sie befürchten, damit die Stimmung zu verderben. Keine Sorge: Dem ist nicht so. Sie haben eine gute Verbindung und eine vertrauensvolle Atmosphäre? Dann bleiben Sie in Ihrer leichten und heiteren Stimmung und teilen Sie Ihr Anliegen in kurzen klaren Sätzen mit. Ohne Umschweife, ohne Rechtfertigung oder Erklärung. Am Ende darf gern ein Kuss kommen, Sie reden ja schließlich nicht mit Ihrem Chef oder Kollegen.

TONARTEN

Es läuft immer wieder auf den Ton, das Timing und genaues Beobachten hinaus, ob Sie bei ihm auf offene Ohren stoßen oder nicht. Da mag das Timing noch so gut sein, ein falsch angeschlagener Ton und schon kann das Spiel zu Ende sein. Eine kleine Sammlung der wichtigsten »Tonarten«, die nicht funktionieren:

◇ Jammern und nörgeln
◇ Beschuldigen und vorwerfen
◇ Kritisieren und besser wissen

Hören Sie heraus, was ich meine? Kennen Sie diese Tonarten, die nichts bringen? Wahrscheinlich denken Sie jetzt: »Worauf soll ich denn noch alles achten?« Oder: »Warum muss ich alles in bissgerechte Häppchen mit Schleife packen?« Wichtig ist: Müssen müssen Sie gar nichts. Sie entscheiden. Mein Job als Ihr Coach ist es, darauf hinzuweisen und daran zu erinnern, was funktioniert und was nicht. Und ich mache das, damit Sie Ihre Trefferquote erhöhen können. Deshalb hier eine Sammlung der wichtigsten »Tonarten«, die funktionieren:

◇ Klare Ansagen
◇ Kurze Sätze
◇ Freundlicher Ton
◇ Lächeln in der Stimme
◇ Humor

Natürlich sind Ihnen diese Tonarten nicht unbekannt, Sie haben sie schon in Ihrem Repertoire. Wenden Sie sie noch öfter an, vor allem öfter als die anderen. Am Ende werden Sie mehr von dem bekommen, was Sie wollen, und das Beste ist: Schon im Tun haben Sie viel mehr Spaß.

Der Start ist öfter einmal anstrengend. So wie den Anfang eines Wollknäuels zu entwirren: Ist dieser Anfang gemacht, läuft der Faden wie von allein. Was Sie am Beginn investieren, mag oft mühevoll sein oder sich ungerecht anfühlen, doch der Weg lohnt sich, denn das Ergebnis zählt. Oder wie der Berliner sagt: »Hinten ist die Ente fett!«

DIE HALTUNG BESTIMMT DEN TON

Unsere innere Haltung und Einstellung bestimmen den Ton. Sie können nicht »Du Idiot« denken und »Du Schatz« sagen. Natürlich können Sie das tun, doch im Ton wird der »Du Idiot«-Gedanke hörbar sein. So wie es nicht reicht, über eine Aggression hinwegzulächeln, reicht es auch nicht, Worte auszusprechen, die Sie nicht so meinen. Der Subtext ist immer da. Die Haltung rutscht in den Ton. Und Sie entscheiden über Ihre Haltung. Sie haben die Macht der Entscheidung. Worauf halten Sie Ihren Fokus? Ist das Glas halb leer oder halb voll? Sie bestimmen, wohin Sie schauen. Auf die Löcher oder auf den Käse? Ist er mehr Idiot oder mehr Schatz? Und was ist alles Schatz an ihm?

Rufen Sie sich in Erinnerung, dass Schuldzuweisungen und Vorwürfe (so gut begründet sie sein mögen) nicht funktionieren. Öffnen Sie Ihr Herz für Ihren Mann, denken Sie an alles, was Sie an ihm lieben und schätzen.

Ihre Haltung bestimmt Ihren Ton – und Sie können sich in eine Laune bringen, in der Sie mühelos den richtigen Ton treffen. Dafür schaffen Sie zum einen die viel besprochene innere

Klarheit darüber, was Sie wirklich wollen. Zum anderen stellen Sie Ihren inneren Kompass auf die »Habenseite« ein. Was hat Ihr Partner, was gut ist? Was haben Sie an ihm? Wenn Sie daran denken, haben Sie Klarheit und Wärme in der Stimme. Bestimmtheit und Liebe. So erreichen Sie Ohren und Herz Ihres Mannes und bekommen viel mehr von dem, was Sie wollen! Ein offenes Herz zu haben, ist außerdem auch für Sie um ein Vielfaches schöner und angenehmer als ein enges und verschlossenes Herz in der Brust.

Kennen Sie die Redewendung »… dann fliegen dir die Herzen zu«? Dieses Bild ist so prachtvoll. Sie stehen wie das Sterntalermädchen da, halten die Schürze auf und sammeln die Herzen, die Sie wollen, ein. Der richtige Ton und das richtige Timing ebnen den Weg zum Herzen eines Mannes und überhaupt aller Menschen.

DAS HOHE GUT AUFMERKSAMKEIT

Alle Menschen wollen gesehen und wahrgenommen werden. Wer uns Aufmerksamkeit gibt, bekommt auch unsere Aufmerksamkeit. Wem wir mit Neugierde begegnen, wird auch auf uns neugierig werden. Aufmerksam zu sein ist die Grundlage jeder Anerkennung. Wenn ich nicht wach und aufmerksam bin, bekomme ich nicht mit, was der andere tut. Und wie soll ich anerkennen, was da ist und was gemacht wird, wenn ich es nicht mitbekomme?

Mein Mann und ich trainieren viele Teams in Firmen und anderen Einrichtungen. Unsere Beobachtung ist, dass die aufmerksamsten Teammitglieder oft auch zugleich die sind, denen es am leichtesten fällt, Anerkennung zu äußern. Sie achten auf die Details und Kleinigkeiten, die enorm wichtig sind. Sie nehmen an anderen wahr, was für viele selbstverständlich scheint, obwohl es das nicht ist.

GANZ PRAKTISCH:
IHR ZWEI-MILLIONEN-EURO-KUNDE

Sie kennen sicher Imaginationen, die uns helfen können. Oft wird zum Beispiel der Tipp gegeben, sich ein strenges Gegenüber oder ein Publikum in Unterhosen vorzustellen, schon verlieren sie die Bedrohlichkeit. Nutzen wir diese Technik einmal anders:

Wenn Ihr Mann zur Tür hereinkommt, stellen Sie sich vor, dass er Ihr Zwei-Millionen-Euro-Kunde ist. Garantiert müssen Sie innerlich schon schmunzeln und Sie stellen sich anders, positiver auf ihn ein. Das wird die Stimmung zwischen Ihnen erheblich verändern – garantiert.

Meine Klientin Luise sagte dazu:»Den Tipp mit dem Zwei-Millionen-Euro-Kunden habe ich mitgenommen und ausprobiert. Fantastisch. Bei mir funktioniert dieser Gedanke wirklich super. Mein Partner kommt rein, ich muss ihn anstrahlen, es geht gar nicht anders – und schon strahlt er zurück. Im Grunde kann ich mir dann schon wünschen, was ich will, und ich bekomme es auch. Sensationell und so einfach.«

Gleichzeitig bekommen wir mit, wie sehr Menschen aufblühen, sobald sie Aufmerksamkeit erfahren. Wir zeigen unsere Aufmerksamkeit, indem wir Feedback geben. Wir sagen, was wir sehen und mitbekommen, und geben dabei ungeteilte Aufmerksamkeit und Anerkennung.

Es gibt viele Menschen, die sich abgewöhnt haben, es zu genießen, im Fokus zu sein. Besser gesagt: Vielen Menschen wurde es (meist schon in der Kindheit) abgewöhnt und abtrainiert.

»Spiel dich nicht so in den Vordergrund« und »Sei bescheiden« sind Sätze, die viele hundert Male gehört und mit der Zeit dann leider auch verinnerlicht haben.

Um aufmerksam zu sein, können Sie nicht unablässig mit sich selbst beschäftigt sein. Sonst ist Ihre Aufmerksamkeit gebunden. Je freier Sie im Kopf sind, desto mehr bekommen Sie mit und desto aufmerksamer sind Sie. Je mehr Kopfkino Sie haben, desto besetzter ist Ihre Wahrnehmung. Kopfkino kann sein, dass Sie damit beschäftigt sind, wie Sie aussehen, ob Sie gut genug sind, ob das, was Sie eben im Meeting gesagt haben, richtig und ausführlich genug war. Waren Sie zu freundlich oder zu wenig freundlich, hätten Sie das Team stärker oder schwächer einbinden sollen …? Oder Sie sind schon damit beschäftigt, was Sie am Abend kochen oder wohin Sie ausgehen möchten?

Es kann aber auch sein, dass Sie sich von einem Ärger gefangen nehmen lassen. Vielleicht sind Sie gerade übersehen worden, haben nicht die Anerkennung erhalten, die Sie sich versprochen haben. Oder Ihr Partner hat nicht gesehen, dass Sie einen neuen Rock tragen.

Je weniger Sie sich ablenken lassen, desto besser. Desto fokussierter und klarer sind Sie. Und damit wiederum umso treffsicherer.

Negative Gedanken, über Sie selbst, Ihre Umwelt, Ihre Kollegin, Ihre Chefin, Ihre Nachbarn oder auch einen völlig unbekannten Autofahrer, der Ihnen die Vorfahrt geklaut hat, halten Sie davon ab, aufmerksam und fokussiert zu sein.

Also gibt es nur eines: Wenn Sie sich schon Gedanken machen, dann auf alle Fälle positive. Gedanken, die Sie und Ihren Mann nach vorn bringen. Gedanken, die konstruktiv sind und Ihnen mindestens ein Lächeln aufs Gesicht zaubern. Die Ihr Herz öffnen. Gedanken der Klarheit.

Kurz und bündig: Das sagt der männliche Coach dazu

Jeder Mann, der seine Frau liebt, möchte sie glücklich machen: Happy wife, happy life. Leider fehlt uns dafür oft die Gebrauchsanleitung: Wenn Mann nur wüsste, wie er es anstellen soll. In all meinen Trainings und Coachings, ja selbst bei Umfragen auf der Straße, habe ich auf die Frage »Verstehen Sie Ihre Frau?« noch nie ein »JA!« von einem Mann zur Antwort bekommen. Die meisten Männer wollen wirklich, doch sie brauchen Unterstützung.

Entweder formulieren Sie daher klar, was Sie sich von Ihrem Partner wünschen, oder Sie riskieren die eine oder andere Überraschung. Das Problem ist für uns Männer weniger der mangelnde Wille, sondern die fehlende Klarheit: In der Liebe ist das Leben also doch ein Wunschkonzert. Wir Männer liefern, wenn Frauen sich trauen zu sagen, was sie wollen.

Instrument vier: Neugier

Alles, was neu ist, ist aufregend. Wir wollen es erkunden, begreifen, damit spielen, uns damit schmücken... je nachdem, was es ist, das Neue. Wie aber schaffen wir es, auch unseren Mann immer wieder als neu anzusehen? Wie bleiben wir neugierig auf ihn (und auf uns selbst)? Genau so bleibt die Liebe nämlich aufregend.

WER IST ER?

»Ich kenne ihn wie meine Westentasche.«

EINE TRÜGERISCHE WAHRHEIT

Je weniger neu etwas ist, desto uninteressanter wird es meist. Vieles ist entdeckt und Überraschungen scheint es kaum zu geben. Genauso in der Beziehung. Am Anfang einer Liebe ist es spannend, den anderen kennenzulernen. Wir sind neugierig auf ihn und alles, was mit ihm zu tun hat. Wir lassen uns gern überraschen und wir überraschen gern.

Nach einiger Zeit weicht die Neugier oft dem Kennen, dem Wissen. Wir alle haben bestimmt schon einmal Sätze wie »Ich kenne ihn in- und auswendig« oder »Der kann mir nichts vormachen, ich weiß genau, wie er tickt« gedacht oder ausgesprochen. Diese Sätze drücken eher (vermeintliches) Wissen als wache Neugier aus.

Wie ist das bei Ihnen? Wissen Sie schon oder wollen Sie noch wissen?

Betrachten Sie Ihren Mann doch lieber wie ein Überraschungsei oder wie einen Glückskeks – es macht Spaß herauszufinden, was in ihm steckt und was für Sie drin ist. Wenn Sie ihm die Gelegenheit geben, wird er Sie womöglich sehr verblüffen!

Und mal ehrlich, wer kann denn schon von sich behaupten, sich selbst richtig gut zu kennen? Das tun wir nicht. Doch wie sollen wir dann jemand anderen genau kennen können? Wir kennen lediglich einen Ausschnitt unseres Gegenübers. Und diesen Ausschnitt betrachten wir durch unsere Brille. Wir sehen, was wir sehen wollen und was ins Bild passt. Andere Aspekte blenden wir aus, sie sehen wir schlichtweg nicht.

GANZ PRAKTISCH:
WIE GUT KENNEN SIE IHN?

Denken Sie an einen relevanten Mann in Ihrem Leben. Auf einer Skala von 1 bis 10, wie gut kennen Sie ihn? 1 heißt »kaum« und 10 heißt »total und umfassend«. Sie haben eine Zahl?

Dann ziehen Sie jetzt diese Zahl von der 10 ab. Die Zahl, die dabei herauskommt, zeigt Ihnen, wie neugierig Sie auf diesen Mann (noch) sind. Ein Rechenbeispiel: Geben Sie sich eine 8 bezogen darauf, wie gut Sie ihn kennen, ziehen Sie die 8 von der 10 ab und voilà – auf der Skala der Neugier für ihn erreichen Sie eine 2.

Erstaunt? Habe ich Sie mit dieser Übung neugierig gemacht? Denken Sie jetzt darüber nach, ob das stimmen kann? Bei der Neugier nur eine 2 auf der Skala … Deswegen bringen ich dieses Experiment: Sie sollen sich hinterfragen und es ist großartig, wenn Sie genau hinschauen und nachdenken.

Im Training frage ich an dieser Stelle gern:»Sind Sie sich sicher, dass Sie ihn so gut kennen? Wie gut kennen Sie sich denn selbst? Oder um es mit

Wer immer tut, was er schon immer tat, bleibt immer der, der er schon war. Wer hingegen ein anderer werden will, andere und neue Erfahrungen machen möchte, der sollte neugierig bleiben.

Richard David Precht zu sagen: Wer sind Sie – und wenn ja, wie viele? Wenn alles, wirklich alles möglich wäre, womit würden Sie sich selbst überraschen?« Dann kann ich sehen, wie es bei den Frauen im Kopf arbeitet: Wie sicher bin ich mir, kenne ich ihn wirklich so gut? Und wer bin ich eigentlich und was will ich tatsächlich? Neugier ist in allen Lebensbereichen eine Triebfeder und Motivation, unbekanntes Terrain zu betreten, sich auf neue Erfahrungen einzulassen und sich weiterzuentwickeln. Neugier hält lebendig, die Liebe und die Beziehung.

Wenn Sie außerdem möchten, dass Ihr Partner andere Facetten zeigt, bieten Sie ihm die Möglichkeit dazu an, indem Sie dafür offen sind. Es ist inspirierend zu begreifen, dass jeder von uns eine Art Überraschungsei ist. Sie sehen die Hülle Ihres Gegenübers, manchmal auch einen Teil des Inhalts. Doch nehmen Sie niemals an, dass Sie alles kennen und wissen, was ihn ausmacht. Sie dürfen neugierig bleiben auf die Facetten, die bislang Ihrer Aufmerksamkeit entgangen sind. Er bleibt spannend für Sie und Ihre Beziehung aufregend.

IN DEN SCHUH DES ANDEREN STEIGEN

Stellen Sie sich Folgendes vor: Zehn Personen erleben einen Seminartag mit den unterschiedlichsten Erklärungen, Übungen und Herausforderungen. Am Abend gehen alle nach Hause und jeder hat seine Geschichte über den Tag, seine eigene Wahrnehmung. Zehn Personen = zehn Geschichten. Welche entspricht der Wahrheit? Jede! Jeder hat sein Erleben und sein ganz eigenes Kopfkino. Nichts davon ist falsch oder allein richtig.

Wir betrachten alles durch unsere persönliche Brille, an manchen Stellen hören wir genau zu, an anderen Punkten schalten wir ab. Wir hören bis zur Hälfte zu, denken, wir haben die Gesamtheit erfasst, und treffen dann unsere Annahmen. Spannender ist es nachzufragen. Die Perspektive des anderen einzunehmen. Mitzubekommen, wie er die Angelegenheit sieht. So erweitern wir unser Sichtfeld und empfangen neue Impulse. Und: Durch einen Perspektivwechsel erhalten wir auch mehr Verständnis für den anderen.

LOB DER NEUGIER

Wenn wir in unserer Neugier sind, agieren wir anders. Wir fragen nach und geben uns nicht mit dem Offensichtlichen zufrieden. Wir wollen dann wissen, erforschen, entdecken, herausfinden. Wir versuchen Situationen aus einer neuen, ungewohnten Perspektive zu betrachten. Wir zeigen tiefes Interesse an einer Person oder einem Moment. Und belohnt werden wir durch neue Einsichten und Überraschungen. Neugier ist die treibende Kraft für Transformation und Entdeckung.

Wenn Sie neugierig sind und Erwartungen loslassen, dann kann auch »das Unerwartete« passieren. Dann bewegen Sie sich und – das kann gar nicht ausbleiben – Sie bewegen auch ihn. Ihre neugierige Haltung schafft Neugier bei ihm, auch Neugier auf Sie. Ohne Neugier bleiben Sie bei längst gebildeten Meinungen und Urteilen, auch über Ihren Mann. Mit Neugier hingegen gehen Sie wieder frisch aufs Beziehungsspielfeld, Sie machen neue Erfahrungen, sammeln unentdecktes Wissen. Neue Optionen tun sich auf.

TIPP

Folgen Sie Ihrer Neugier, schenken Sie Ihrem Mann tiefes Interesse an ihm, an seinem Leben und an dem, was ihn bewegt. Bereichern Sie Ihre Beziehung durch Ihre Neugier auf sich und ihn und trauen Sie sich stets neu auf unbekannte Terrains.

◇ Was gibt es bei Ihnen noch zu entdecken?

◇ Welche Träume und Wünsche haben Sie?

◇ Worauf möchten Sie ihn neugierig machen?

INTERPRETIEREN FÜR FORTGESCHRITTENE

Jedes Jahr im Dezember bucht eine Organisation ein Kommunikationstraining für weibliche Führungskräfte bei mir. Die Zusammenarbeit funktioniert sehr gut, die Damen sind zufrieden und verlassen das Seminar sehr inspiriert. Nach einem dieser Trainings kam eine der Teilnehmerinnen auf mich zu, bedankte sich und fragte, ob ihr Freund sich einmal bei mir wegen eines Coachings melden könne. Er sei gerade mit dem Studium fertig und wolle sich intensiv damit beschäftigen, wie er jetzt weitermachen will. Natürlich habe ich der jungen Frau gesagt, dass ihr Freund sich bei mir melden könne. Die junge Frau, im Folgenden nenne ich sie einfach Frau Müller, bedankte sich und zog von dannen.

Einige Wochen später rief bei uns im Office ein Mann auf Empfehlung von Frau Müller an und wollte einen Coachingtermin ausmachen. Ganz entgegen meinen eigenen Empfehlungen, immer neugierig zu sein und lieber ein paar Fragen mehr zu stellen, vereinbarten wir einen Termin. Einige Tage kam Herr Maier zu mir. In der Zwischenzeit hatte ich mir so meine Gedanken gemacht und entsprechende Annahmen gebildet. Merke: Fehlende Informationen werden durch Annahmen ersetzt!

Informationen hatte ich ja keine, denn Fragen hatte ich nicht gestellt. Frau Müller hat ein Baby, das hatte sie mir erzählt. Meine Annahmen: Herr Maier ist der angekündigte Freund und natürlich auch der Vater des Kindes. Sie hat gestrickt und war auch sonst ökologisch gekleidet. Folglich wird Herr Maier, der gerade sein Studium abgeschlossen hatte, auch eher jung und ökologisch angehaucht sein. Vermutlich Ende zwanzig und eher nachlässig gekleidet, dabei sehr freundlich – das war mein inneres Bild von ihm, ohne ihn jemals gesehen zu haben.

Nun kam der Realitätscheck. Es klingelte, ich machte die Tür auf und war – gelinde gesagt überrascht. Vor mir stand ein Endvierziger, groß, stattlich, von Kopf bis Fuß in Armani gekleidet und mit einer Prada-Businesstasche ausgestattet.

Nachdem ich ihm einen Platz und einen Kaffee angeboten hatte, wollte ich, meine erste Überraschung verdauend, eine gute Verbindung zu ihm herstellen. Das tat ich, zumindest war das meine gute Absicht (Merke: Gut gemeint ist nicht immer gut gemacht!), indem ich ihm erzählte, was ich bereits von ihm »wusste«. Ich polterte also fröhlich los: »Bis jetzt weiß ich von Ihnen nur, dass Sie ein Kind mit Frau Müller haben.« Die Reaktion war Schweigen. Pause. Dann ein Räuspern seinerseits und »Ich ein Kind mit Frau Müller ...« Spätestens jetzt wusste ich, dass hier etwas nicht stimmte, und der Schweiß rann meinen Rücken hinunter.

»Da liegt ein Irrtum vor. Frau Müller ist meine Mitarbeiterin und ein Kind hat sie meines Wissens gar nicht. Sie hat so begeistert von Ihrem Seminar berichtet, dass ich Sie gern kennenlernen wollte und auch auf ein Coaching neugierig geworden bin. Deshalb bin ich hier.«

Da war es – mit voller Wucht. Voll daneben ist richtig vorbei! Um die Geschichte zu Ende zu bringen: Herr Maier hatte Humor, das war mein Glück. Nachdem ich ihm meine Annahme kurz erklärt und damit das Missverständnis aufgelöst hatte, war ich endlich neugierig auf ihn und sein Anliegen. Wir hatten die folgenden Monate eine sehr konstruktive und erfolgreiche Coachingkooperation.

JEDEN TAG
»EIN WEISSES BLATT«

»Liebe besteht zu drei Vierteln aus Neugier.«

CASANOVA

In der Psychologie gibt es den Begriff der Selffulfilling Prophecy, das ist eine sich selbst erfüllende Prophezeiung: also eine Rückkopplung von Erwartungen und dem darauffolgenden Verhalten. Ich erwarte, dass bestimmte Dinge passieren – und dann passieren sie auch so. Kennen Sie dieses Phänomen? Es ist, als würden wir unser Inneres unbewusst programmieren. Wir füttern es mit Sätzen oder Prophezeiungen, wie zum Beispiel »Hoffentlich fällt es mir nicht aus der Hand, hoffentlich fällt es mir nicht aus der Hand ...« – und schon ist es passiert, es ist uns aus der Hand gefallen. Besser ist es, diese Prophezeiungen im positiven Sinne für sich zu nutzen. In diesem Fall sollte man sich sagen: »Ich trage alles sicher an den Tisch.«

Auf Ihren Mann oder künftigen Partner bezogen heißt das: Wenn Sie ihn im gewohnten Licht sehen und schon damit rechnen, dass er wieder einmal dieses tut und jenes lässt, steigen Ihre Chancen, dass er sich unverändert genau so verhält. Lassen Sie die Erwartungen hingegen weg, machen Sie ein »weißes Blatt« aus ihm und stellen sich auf eine eventuelle Überraschung ein. Sie betrachten ihn mit der Haltung: »Mal sehen, wie er heute tickt und was er macht.« So kann es zu Sensationen kommen.

Henrike machte eine großartige Erfahrung, als sie einmal etwas ganz anderes machte: Sie nahm an einem unserer Bühnentrainings »Break Free« teil. Zwei Tage Training und am Ende steht eine Bühnenshow vor Publikum. Keiner der Teilnehmenden hat Bühnenerfahrung, alle wollen ihre Komfortzone verlassen und wachsen. Henrikes Mann stand diesem Training und dem Abschlussevent sehr skeptisch gegenüber. Dachte sie. Deshalb hatte sie ihm kaum etwas davon erzählt und ihn auch nicht zur Show eingeladen. Nach ihrem Coachinginterview, kurz bevor die Show anfing, rief sie ihren Mann an. Sie sagte ihm, dass sie sich wünsche, dass er ihr viel Glück und Erfolg wünschen solle für ihren Auftritt.

Auch Nossrat Peseschkian, einer der Begründer der Positiven Psychotherapie, stellte heraus: »Wenn du willst, was du noch nie gehabt hast, musst du tun, was du noch nie getan hast.«

Er reagierte komplett anders, als sie es die Tage zuvor angenommen und befürchtet hatte. Er freute sich nämlich riesig über den Anruf. Er sagte, dass er sie so mutig finde und ganz oft an sie gedacht hätte. Selbstverständlich wünschte er ihr einen großartigen Auftritt. Henrike war völlig geflasht. Mit dieser Reaktion hätte sie niemals gerechnet. Sie hatte ihn in eine Schublade gepackt und war überzeugt zu wissen, wie er tickt. Hätte sie diese Überzeugung nicht überprüft, hätte sich nichts verändert, eher manifestiert. Doch absolut beflügelt von dieser neuen Erfahrung, meisterte sie ihren Auftritt mit großer Leichtigkeit und Spaß. Sie sagt heute, dass dieses Erlebnis (ihr Auftritt und das Telefonat) die Beziehung zu ihrem Mann nachhaltig verändert habe. Sie ist selbstbewusster und sie ist neugieriger auf ihn geworden. Sie hat verstanden, dass sie ihn eben nicht hundertprozentig kennt und dass das gut so ist. Sie macht immer wieder »ein weißes Blatt« aus ihm und die Beziehung ist jetzt so, wie sie es sich schon lange gewünscht hat. Viel vertrauensvoller und intimer.

Als Coach bereite ich »ein weißes Blatt« für jeden Klienten und jede Klientin vor. Dieses Blatt wird bei jeder Begegnung neu beschrieben. Jedes Treffen ist spannend und ergebnisoffen. Mein Gegenüber kann mich und sich überraschen. Es erfüllt nicht länger Erwartungen, sondern kann über sich hinauswachsen.

IHR MANN – IMMER WIEDER NEU

Sie sind sein Coach. Sie bereiten für ihn »ein weißes Blatt« vor. Auch wenn Sie ihn schon lange kennen, bleiben Sie gespannt und neugierig. Er kann anders sein und sich völlig anders verhalten, als Sie glauben. Sobald Sätze wie »Der ist immer so, ich weiß genau, wie er denkt und was er macht« in Ihrem Kopf auftauchen, sollte Ihre innere Alarmglocke Sie wieder wach und aufmerksam machen. Vertauschen Sie diese Sätze gegen »Mal sehen, wie er mich heute überrascht, mal sehen, was noch so alles in ihm steckt« und mit ziemlicher Sicherheit werden Sie bemerkenswerte Erfahrungen machen.

Eine Erfahrung, die mich diesbezüglich sehr geprägt hat, machte ich im Rahmen meiner Coachingausbildung. Wir erhielten die Aufgabe, einen Gesprächspartner mit voller Aufmerksamkeit und all unserer Neugier zu interviewen. Wir sollten ihm so entgegentreten, als hätten wir ihn noch nie gesehen und als wüssten wir nichts über ihn.

Das »weiße Blatt« ist im Übrigen gar nicht so schwierig, sondern einfach eine Übungssache. Sie können es mit jeder Person und jeden Tag üben.

Ich suchte mir damals meinen Mann als Interviewpartner heraus; ich war wirklich neugierig darauf, jemanden zu interviewen, von dem ich bis dahin gedacht hatte, dass ich ihn sehr gut einschätzen kann. Wir setzten uns also zusammen und ich begann das Interview. Ich stellte mein Ego auf die Seite und meinem Lebens- und Businesspartner folgende Frage: »Was würdest du tun, wenn es weder mich noch unseren Sohn geben würde? Du wärest frei von jeder Verantwortung!« Um ehrlich zu sein, fiel mir die Frage nicht so leicht, wie es beim Lesen vielleicht rüberkommt. ›Ein Leben ohne mich, das ist ja wohl eigentlich undenkbar.‹ Vielleicht hatte ich insgeheim sogar mit einer solchen Antwort gerechnet. Zumindest war ich wenigstens davon ausgegangen, dass mein Mann einen längeren Moment überlegen müsste. Weit gefehlt! Er antwortete prompt und ohne jedes Nachdenken: »Dann würde ich nach New York gehen und Straßenmusik machen.«

Ich muss zugeben, diese Antwort hat mich absolut verblüfft. Ich hatte zwar keine Ahnung, was er antworten würde, aber diese Option war mir garantiert nicht in den Sinn gekommen. Natürlich wusste ich, dass er es liebt, Musik zu machen. Trotzdem, selbst wenn ich diese Antwort unter vielen Antworten in einem Multiple-Choice-Test hätte ankreuzen können, ich weiß nicht, ob ich es getan hätte. Und so unwahrscheinlich sich das anhört, er auch nicht. Im Nachklapp, als wir das Gespräch auswerteten, erzählte er mir, dass diese Idee spontan in diesem Moment aus ihm herausgekommen sei. Meine Offenheit ihm gegenüber hatte es ihm möglich gemacht, gedanklich Grenzen zu sprengen. Um die Geschichte zu Ende zu erzählen: Drei Monate später war er für vier Wochen in NYC. Er spielte dort auf der Straße und machte so Werbung für ein Konzert, das er in dem kleinen Off-Broadway-Theater eines Freundes geben durfte. Selbstverständlich waren wir, mein Sohn und ich, als seine größten Fans auch im Publikum.

Bis heute ist das eine unserer Lieblingsgeschichten. Wie gut, dass ich ihm damals diese Frage gestellt habe. Dass ich neugierig und mutig war und nicht schon eine Idee für ihn hatte. Sonst

Die Neugier ist wie eine Hebamme für Leben, Ideen und Träume, die gelebt werden wollen. Und so kann Ihre Neugier, Ihre Offenheit in Ihrem eigenen Leben und Ihrer Liebe immer wieder Neues ans Tageslicht bringen und Ihre Beziehung beleben.

hätten wir heute eine Geschichte weniger, die uns sehr verbindet. Wirkliche Neugier hat Power. Sie kann das Unerwartete im anderen und in uns selbst hervorrufen. Manchmal erfordert es die Neugier, über das eigene Ego zu springen. Doch es lohnt sich. Es kommt nichts zum Vorschein, was nicht sowieso schon da war. Eine neugierige Haltung bringt es lediglich zutage.

»Seit ich diese Geschichte von dir gehört habe«, sagte meine Klientin Silvia, »begegne ich meinem Partner mit größerer Neugier. Er will zwar keine Straßenmusik machen, aber ich merke, dass er mir mehr erzählt und auch mehr von mir wissen will. Als hätte ich ihn mit meiner Neugier angesteckt. Tatsächlich überlegen wir beide genauer, was wir wollen, und setzen auch einiges davon um. Unsere Beziehung hat sich definitiv verändert. Zum Guten, oder wie du sagen würdest: from good to great!«

**GANZ PRAKTISCH:
WAS WOLLEN SIE WIRKLICH?**

Hier sind drei Fragen, die Sie noch neugieriger auf sich und Ihr Leben machen und mit denen Sie auch andere neugierig machen können:

◇ Was würden Sie tun, wenn alles möglich wäre?

◇ Wenn Sie drei Zaubernüsse hätten: Was würden Sie sich wünschen?

◇ Was würden Sie tun, wenn Sie keine Angst hätten, vor nichts und niemandem?

LOSLASSEN UND AUF RESTART GEHEN

Als Coach ist es mein Job, Menschen wieder auf sich selbst und auf das, was in ihnen steckt, neugierig zu machen. Als Ihr Coach in diesem Buch ist es mein Job, Sie neugierig darauf zu machen, wie Sie durch eine positive innere Haltung und veränderte Verhaltensweisen im Zusammensein und in der Kommunikation mit Männern mehr von dem erreichen, was Sie wollen.

Und wenn Sie neugierig geworden sind, etwas anders zu machen oder etwas Neues auszuprobieren, wenn Sie neugierig darauf geworden sind, Ihre Meinungen fallen zu lassen und neuen Erfahrungen Raum zu geben, dann habe ich meinen Job gut gemacht. Dann sind Sie auf dem Weg, auf der Suche – Sie sind in Ihrer Neugier!

Neugierig auf Neues zu sein heißt auch, Altes loszulassen.

Anerkennung für Sie, dass Sie sich auf das Abenteuer Neugier einlassen!

Milch, die verschüttet ist, ist verschüttet. Zahnpasta, die aus der Tube gedrückt ist, bekommen Sie nicht wieder hinein. Es gibt wenig Dinge, die enervierender sind, als alte Kamellen immer wieder aufs Butterbrot geschmiert zu bekommen. Das wollen wir nicht und die Männer lieben es ebenso wenig. Außerdem gilt auch hier einmal wieder: Nobody is perfect. Jeder macht mal Fehler. Die Männer werden es Ihnen sehr danken, wenn Sie alte Themen nicht wieder aufs Tapet bringen, sondern es einfach gut sein lassen. Das schafft Vertrauen. Nachtragend zu sein steht einer guten Verbindung im Weg. Und nachtragend zu sein ist vor allem für Sie extrem anstrengend. Es ist, als würden Sie auf Ihren Schultern eine Stange tragen, an der links und rechts jeweils mit schweren Steinen beladene Eimer hängen. Und diese Ladung tragen Sie jemandem hinterher. Wer ist dann am Ende müde und kaputt? Sie natürlich! Und was haben Sie davon? Einen genervten Mann, der nicht weiß, was er tun soll, da er das Getane nicht mehr ändern kann, und der Ihnen aus dem Weg geht. Oder einen Streit, der auch nichts lösen wird.

Stellen Sie die Eimer in die Ecke. Es lohnt sich nicht für Sie. Es ist viel zu anstrengend und unproduktiv. Setzen Sie Ihre Energie besser dafür ein, es sich gut gehen zu lassen. Dinge zu tun, die Sie schon lange tun wollten und die Ihnen guttun.

Tobias, ein Klient, klagte mir neulich genau darüber sein Leid. Eigentlich sei er mit seiner Partnerin ganz happy, aber sie sei so schrecklich nachtragend. In jedem Streit fing sie auch mit den alten Verfehlungen seinerseits wieder an. »Weißt du, Nicole, das ist anstrengend. Nie ist etwas gut und abgehakt. Ich laufe immer auf dünnem Eis, darf nichts falsch machen, sonst bekomme ich das ewig zu hören. Das nimmt mir echt die Lust auf alles. Gleichzeitig will sie dann, dass ich gut drauf bin und mich mehr in die Beziehung einbringe.«

Besser wäre es für Tobias' Partnerin, zu überlegen und anzusprechen, wie sie etwas künftig haben möchte, und dafür Beispiele zu nennen. Das verspräche ihr mehr Erfolg und würde Leichtigkeit hineinbringen – für beide.

GANZ PRAKTISCH: ÜBERPRÜFEN SIE SICH

Mit diesen drei Fragen überprüfen Sie sich am besten selbst, bevor Sie Ihrem Mann alte »Vergehen« neu auftischen:

◇ Was wollen und was können Sie damit erreichen?

◇ Ist es zielführend, Vergangenes neu zu thematisieren?

◇ Verändert oder verbessert sich dadurch etwas?

VOM WILDPFERD ZUM PONY

»Die meisten Frauen setzen alles daran, einen Mann zu ändern,
und wenn sie ihn dann geändert haben, mögen sie ihn nicht mehr.«

MARLENE DIETRICH

Es war einmal ein starker Mann. Unabhängig, selbstbewusst, frei, charmant, witzig und voller Tatendrang. Ein Siegertyp – einfach zum Verlieben. Und absolut lohnenswert, ihn zu jagen und zu bekommen ... Ein paar Jahre später: Es war einmal ein Mann, verlässlich, loyal, ein guter Hausmann, ein guter Freund, entspannt und zufrieden auf der Couch, langweilig. Ein Typ zum Einschlafen. Was ist passiert? Was hat sich verändert? Und vor allem: Wie kam es zu diesem Wandel?

Neulich erst war ich beim Mittagessen im Gespräch mit einigen männlichen Teilnehmern eines Trainings. Wir sprachen über die Unmöglichkeit, es den Frauen recht zu machen. Einer sagte:»Jetzt sind wir schon so domestiziert, dass wir ständig versuchen, es ihr recht zu machen. Doch auch das reicht nicht und macht sie nicht glücklich.« Er erzählte, dass er seiner Partnerin kürzlich eine Freude machen wollte, deshalb suchte er ihre Lieblingseisdiele auf, kaufte ihr Lieblingseis, verstaute es in einem eigens dafür besorgten Kühler und fuhr damit zu ihrer Arbeitsstätte. Dort angekommen schickte er ihr eine WhatsApp mit der liebevollen Aufforderung, ihre Eisportion am Eingang abzuholen. Ihre Reaktion verblüffte und verletzte ihn nachhaltig. Sie schrieb zurück, dass sie keine Zeit habe und er sie nicht so unter Druck setzen solle.

Sein Kommentar mir gegenüber war: »Früher hätte ich zu ihr gesagt: Krieg dich mal ein, sonst kannst du dein Eis künftig allein essen! Aber weit gefehlt! Jetzt war ich verletzt und gekränkt und am Ende verunsichert. Das brachte die Situation vollends zur Eskalation. Denn sie war sauer, dass ich mich so anstellte und so ein Drama machte.«

Einem Wildpferdmann wäre das nicht passiert, oder? Denn einen Wildpferdmann hätte sie niemals weggeschickt. Mit einem Wildpferdmann wäre sie respektvoll umgegangen. Sie hätte Sorge gehabt, dass er sonst vielleicht nie wiederkommt.

FRAUEN WOLLEN WILDPFERDMÄNNER. WIRKLICH?

Was passiert? Wir fangen uns ein Wildpferd, weil wir ein Wildpferd wollen und aufregend finden, doch dann dressieren wir es, erziehen es, formen es – bis es kein Wildpferd mehr, sondern ein Pony ist. Und dann langweilen wir uns und fragen uns: »Wo ist dieser aufregende Kerl hin, in den ich mich verliebt habe?« Er ist auf der Strecke geblieben. Irgendwo auf dem Weg, ihn zu optimieren und zu verändern.

Warum passiert das immer wieder? Überschätzen wir die Männer? Unterschätzen wir unsere Power, sind die Männer dieser Power einfach nicht gewachsen? Wir sind geübt darin und gewohnt daran, das Falsche oder Fehlende in uns und im anderen zu sehen, statt uns auf das Schöne, das Gute und das Vorhandene zu konzentrieren. Das passiert uns, ohne dass wir es wirklich wollen oder es uns auch nur bewusst ist. Damit kreieren und kultivieren wir den Mangel in uns und im anderen. Eines ist dabei klar: Das ist kein Milieu, um zu wachsen und zu gedeihen. Weder für ihn noch für Sie.

Wildpferd oder Pony? Was wollen Sie? Haben Sie keine Furcht vor dem Wilden. Wenn Sie ihn lassen, wie er ist, und ihn sogar dafür bewundern und lieben, wird er mit Ihnen reiten, wohin Sie wollen. Sie haben die Zügel in der Hand, wenn Sie ihn lassen. Klingt widersprüchlich? Ist es nicht. Was braucht ein Wildpferd? In erster Linie, dass wir es Wildpferd sein lassen. Dass wir es dafür lieben, dass es ein wildes Pferd ist, und neugierig darauf sind, was ein Wildpferd so macht. Dass wir der Wildheit, die uns angezogen hat, ihre Magie lassen. Es will gut behandelt werden. Mit Respekt und Vertrauen. Es liebt ein Gegenüber, das selbstbewusst und klar ist. Es braucht Freiheit und Vertrauen. Eine Umgebung, in der es diese »Behandlung« erfährt, wird immer mehr zu seinem Zuhause. Hier wird es gesehen, akzeptiert und geliebt, wie es ist.

Das Wildpferd wird zum Pony, das an der Leine geführt wird.

Ermutigen Sie ihn, seine Leidenschaften zu leben. Wenn er spürt, dass Sie ihm die Freiheit lassen, dass er sein darf, wie er ist, dann ist er happy, produktiv, attraktiv und leidenschaftlich – und er wird Sie lieben und auf Händen tragen. Sie genießen ihn und Ihre Beziehung, anstatt ihn zu erziehen (was Sie ja auch gar nicht wollen). Schließlich ist das mit der Erziehung viel zu langweilig und bringt eine Seite von uns hervor, die uns selbst am wenigsten Freude bereitet. Entmutigen Sie ihn, dann wird er unsicher, kleiner, seine Lichter sind aus und er wird auch für Sie immer unattraktiver. Er fängt an, an sich und seinen Fähigkeiten zu zweifeln.

Es gibt das Sprichwort »Vertrauen ist gut, Kontrolle ist besser«. Ich glaube, dass gerade in Beziehungen Kontrolle zerstörerisch ist und überhaupt nicht konstruktiv. Wer von uns kontrolliert schon gern? Ihn zu kontrollieren heißt auch, ihn zu dominieren, ihm Vorschriften machen, ihn zu korrigieren, ihn zu kritisieren, ihm hinterherzuspionieren – ihm eben nicht zu vertrauen und ihm wenig zuzutrauen. Das klingt schrecklich und das ist es auch. Vor allem für uns selbst! Trotzdem passiert es uns immer wieder. Ob aus Unsicherheit, Gewohnheit, weil wir es so gelernt oder es uns abgeschaut haben. Von unserer Neugier ist in solchen Situationen nichts mehr übrig. Anstatt zu schauen, was noch in ihm steckt, nehmen wir ihm, was er schon hat. Viel mehr Spaß macht es, verspielt und leicht zu bleiben. Wir wollen uns in unserer Beziehung wohlfühlen. Großzügig und vertrauensvoll mögen wir uns auch selbst viel mehr als misstrauisch und kleinherzig. Denn wenn das Herz zugeht und eng wird, tut das doch in erster Linie uns selbst weh. Liebe heißt, den anderen so zu genießen, wie er ist, und mit ihm vergnügt zu sein, so wie er ist. Liebe heißt, den Teil zu genießen, der mit unseren Erwartungen übereinstimmt, und den Teil zu genießen, der nicht mit unseren Erwartungen übereinstimmt. Lassen auch Sie sich genießen, wie Sie sind. So bleiben Sie ebenfalls, wie Sie sind. In Ihrer Power, in Ihrer Größe und mit allem, was zu Ihnen gehört.

Jetzt sind wir an genau dem entscheidenden Punkt: Wir müssen uns von Erwartungen lösen. Von den Erwartungen an uns selbst, daran, wie eine Beziehung zu sein hat, und selbstverständlich auch von unseren Erwartungen an ihn. Wir tun uns schwer damit zu akzeptieren, wie er ist. Und vor allem zu akzeptieren, dass er anders ist, als wir es wollen und erwartet haben. Ich habe die Erfahrung gemacht, dass sich viele Frauen darüber wundern, was aus ihren Männern geworden ist. »Als wir uns kennenlernten, war er ein ganz anderer Typ ...«

Eine Geschichte, die ich hautnah mitbekam, machte mir einmal mehr klar, wie jung Frauen damit anfangen, ihre Männer zu »zähmen«. Tim, der achtzehnjährige Sohn einer Kollegin, hatte seit ein paar Monaten seine erste feste Freundin, gerade mal siebzehnjährig. Er ist ein offener, selbstbewusster und vielseitig interessierter junger Mann (gewesen). Die Freundin Tine sehr freundlich und liebenswert, ein eher ruhiges Mädchen. Nach etwa einem halben Jahr hatte sich die Situation verändert. Tim war in sich gekehrt, traf sich nur noch selten mit seinen Freunden und wurde zunehmend unsicher. Tine war auch nicht mehr glücklich mit ihm. Sie traf sich nun lieber mit Freundinnen und fing an fremdzuflirten, was sie Tim auch wissen ließ, woraufhin er noch unsicherer wurde, da er Angst bekam, von ihr verlassen zu werden.

RAUS AUS DEM TEUFELSKREIS

Drei Tipps zum Ausstieg aus der Abwärtsspirale:

◇ Seien Sie mutig und schauen Sie ehrlich hin: Was haben Sie gemacht, was hat nicht funktioniert?

◇ Kreieren Sie einen Win-Win-Kreislauf: Machen Sie sich gegenseitig stark und sorgen Sie dafür, dass der jeweils andere seinen Leidenschaften folgen und wachsen kann.

◇ Vergessen Sie nie, was Sie glücklich macht, und seien Sie neugierig darauf, was ihn glücklich macht.

Anfangs wollte Tine Tim immer bei sich haben, ständig mit ihm zusammen sein. Er hat daraufhin seine Freunde und seine Interessen vernachlässigt. Das ließ ihn immer kraftloser und auch lustloser werden. Männer brauchen andere Männer, um ihre Akkus aufzuladen und in ihrer Männlichkeit zu bleiben. Am Rockzipfel verlieren sie ihr Standing und ihre Selbstständigkeit. Seine Kraftlosigkeit wurde ihr zunehmend langweilig… und schon waren sie in einem Kreislauf gefangen: einer Lose-Lose-Situation.

Ihre Geschichte hatte dann ein vorläufiges Happy End. Sie haben miteinander gesprochen und sich eingestanden, dass es einiges zu lernen gibt, was Beziehung anbelangt. Er achtet jetzt stärker auf seine Autonomie und darauf, eigene Interessen nicht zu vernachlässigen, und er redet jetzt auch über das, was ihn bewegt. Sie hört auf, ihn besitzen zu wollen. Sie speist ihren Selbstwert nicht nur über ihn, sondern schafft sich eigene Bereiche, in denen sie sich gut fühlt. Den beiden ist es gelungen, vom »Haben« zum »Sein« überzugehen.

Was aber ist mit den Männern, die sich nicht zum Pony machen lassen? Sie bleiben sich treu, sie wissen, was sie wollen, und sie sagen das auch. Sie brauchen starke und selbstbewusste Frauen und halten sie auch aus. Sie reden mit ihren Frauen. Sie begreifen, dass Frauen Aufmerksamkeit brauchen. Sie geben ihnen diese, sodass die Frauen es lassen können, sie zu dominieren.

Bleiben Sie neugierig und in Ihrer Power und freuen Sie sich über einen starken Mann. Lassen Sie ihn tun, was ihn froh macht, und lassen Sie ihn wissen, was Sie froh macht. Behalten Sie sich und Ihre Bedürfnisse und Wünsche im Fokus. Unternehmen Sie genug von dem, was Sie in Ihre Lebendigkeit und Ihre Freude bringt. Dafür lohnt es sich, dass Sie Energie und Zeit einsetzen.

Lassen Sie sich nicht auf ein Win-Win-Spiel ein, werden Sie Ihren Mann über kurz oder lang verlieren. Entweder er ist nicht mehr er selbst, sondern ein Pony, oder er bleibt Wildpferd und wechselt die Stute.

EIN BEISPIEL, WIE ES FUNKTIONIEREN KANN

Als mein Mann einen runden Geburtstag hatte, feierten wir ein großes Fest. Mein Mann liebt es, auf der Bühne zu stehen, und so gab er mit einigen Freunden seiner ehemaligen Band ein kleines Konzert. Im Vorfeld hatte ich Freundinnen informiert und gebeten, sexy Unterwäsche mitzubringen, um sie auf die Bühne zu werfen. Einige Mädels bastelten sogar Plakate mit der Aufschrift »Ich will ein Kind von dir!« Alles wie bei einem echten Rockkonzert und bei einem echten Superstar. Mein Mann hatte einen Riesenspaß bei dieser Inszenierung und ich war voller Freude darüber. Irgendwann nahm mich eine Bekannte auf die Seite und fragte mich, ob mir das nicht unangenehm wäre, dass mein Mann so einen Spaß an den anderen Frauen und deren Wäsche hätte. Ich musste erst einen Moment überlegen, was sie meinte, dann lachte ich und erklärte, dass ich das alles organisiert hätte. Das machte die Bekannte noch ratloser. Wie schade – sie hatte nicht verstanden, worum es ging. Allerdings weiß ich, dass ich das einige Jahre früher auch nicht hätte, und bin heute sehr dankbar für diese »Weisheit« und darüber, sie weitergeben zu können. Etwas später rief mein Mann mich auf die Bühne, bedankte sich für den Riesenspaß und hielt mich ganz fest. Ich war sein Superstar! Eine großartige Win-Win-Situation. Er war in seinem Element und in seiner Leidenschaft. Mein »Lohn«: Er war happy und bereit, mich auf Händen zu tragen.

DAS GEHIRN LIEBT ANERKENNUNG

Der Hirnforscher Manfred Spitzer zeigt auf, dass Neugier und Lernwille unseres Gehirns so gut wie unbegrenzt sind. Das Gehirn funktioniere gerade gegenteilig wie ein Schuhkarton: Je mehr man hineinpacke, desto größer werde es. Man hat festgestellt, dass Lernen der einzige Stimulus ist, der verlässlich und immer wieder das Glückszentrum unseres Gehirns stimuliert. Alle anderen Stimuli, wie Einkaufen, Essen, Sex, Luxus und so fort, nutzen sich in ihrer »Glückswirkung« ab – nur eben Lernen nicht. Erfahren wir etwas Neues, erlernen wir eine neue Fertigkeit, macht uns das glücklich und zufrieden. Geradezu fatal wirkt sich jedoch die Verknüpfung von Angst und Lernen aus, die sich viele Menschen während ihrer Ausbildung in Schule oder Universität ungewollt erworben haben. Wenn wir etwas Neues lernen wollen, ist eine akzeptierende, ermutigende Atmosphäre eine unerlässliche Grundvoraussetzung.

Kurz und bündig: Das sagt der
männliche Coach dazu

*Generell ist es den meisten »guten« Männern ein Herzens-
anliegen, ihre Partnerin glücklich zu machen – und dafür
nehmen wir gern vieles auf uns. Zugleich fürchten viele Männer kaum etwas so sehr wie
Stress, Streit und schlechte Stimmung zu Hause und in
ihrer Beziehung. So findet mit der Zeit schleichend eine
Motivverschiebung statt von »Ich tue das für sie, weil ich
sie liebe« hin zu »Ich mach das, damit es keinen Stress
mit ihr gibt«. Der dauerbeschwichtigende Mann gibt sich
so stückchenweise »um des lieben Friedens willen« auf.
Doch statt Frieden herrscht dann schnell Friedhofsruhe
gepaart mit einem Gefühl der Hilflosigkeit. »Egal wie,
ich kann es ihr eh nicht recht machen!«, sagt dann ein
resigniertes Pony.*

*Immer wieder bin ich erstaunt, wenn ich Männer erlebe,
die in ihrem beruflichen Umfeld als Führungskraft
große Teams und Projekte leiten und zu Hause in ihrem
privaten Umfeld regelmäßig eine totale Metamorphose
zum defensiven Leisetreter durchlaufen. »Ist das noch
der gleiche Mann?«, frage ich mich dann. Im Coaching
berichten sie mir, dass sie oft anspruchsvolle, belastende
Projekte annehmen, um die Lebensführung ihrer Familie
gut finanzieren zu können. Schnell kommt eine verhäng-
nisvolle Abwärtsspirale in Gang: Je mehr Überstunden,
desto weniger Kontakt, je weniger Kontakt, desto lieber
macht Mann mehr Überstunden.*

*Doch Beschwichtigen und Rückzug führen nicht zu
Lösungen: Mann muss seinen Mann stehen, Respekt
einfordern und anstehende Beziehungsprobleme klären.
Nein, wir Männer lieben es nicht, neugierig ausgefragt zu
werden: »Wie war dein Tag?« sollte bitte nicht der Beginn*

eines Verhörs werden. Hingegen schätzen wir Männer es durchaus, wenn unsere Partnerin wirklich Anteil an unseren Interessen, unserem Leben, unseren Wünschen und Fragen nimmt. Wichtig ist für uns, dass das Timing und das Umfeld zum gemeinsamen Austausch passen. So kurz von der Seite, bei laufendem Fernseher ist sicher nicht der richtige Ansatz.

Viele Männer sind Abenteurer und lieben eine Partnerschaft, die das Risiko für Neues und Veränderung nicht scheut. Fordern Sie Ihren Mann ruhig öfter heraus und freuen Sie sich mit ihm, wenn er vorankommt und über sich hinauswächst. Und: Lassen Sie sich selbst auch mal auf etwas Neues, Ungewohntes ein – auch die Liebe wächst mit der Herausforderung! Mit gegenseitiger spielerischer Neugier ist jeder Mann für eine Überraschung gut und die Liebe bleibt spannender als der sonntägliche »Tatort«.

Instrument fünf: Disziplin

Klingt unangenehm, macht aber den ganz großen Unterschied: Bringen Sie die Disziplin auf, Ihre Launen im Griff zu behalten, statt sie ihm um die Ohren zu hauen – und Ihre Beziehung wird einen großen Sprung nach vorn machen.

DIE JOGGINGHOSE
UND DAS GEHIRN

» Wer eine Jogginghose trägt, hat die Kontrolle
über sein Leben verloren.«

KARL LAGERFELD

So weit wie Karl Lagerfeld würde ich nicht gehen, auch Jogginghosen haben von Fall zu Fall ihre Berechtigung. Allerdings nicht, wenn Sie sie zu Hause anziehen, und zwar Ihrem Gehirn. Ihr Zuhause ist Ihr wichtigster Ort. Ihr Partner oder Ihre Familie sind Ihr wichtigstes Team. Dieses wichtigste Team sollte man am allerbesten behandeln und vom wichtigsten Team wollen auch wir am besten behandelt werden. (Auch wenn Sie nicht in einer gemeinsamen Wohnung leben: Ihr Partner ist Ihr Buddy – Ihr wichtigster Teampartner.)

Leider wird in der Realität gerade zu Hause den Launen freier Lauf gelassen – und genau das nenne ich dem Gehirn die Jogginghose anziehen. Die schlechte Laune, die wir uns unterwegs oder bei der Arbeit eingefangen haben, wird zu Hause einfach weitergegeben. Keine gute Ausgangslage für einen schönen und erholsamen Feierabend. Das merken wir spätestens, wenn der Partner auch schlechte Laune bekommt oder uns meidet, als hätten wir die Pest am Hals. Das Gemeine ist, dass wir manchmal ja sofort merken, dass der Partner sich die Kopfhörer überzieht und laut Musik hört, um uns besser ignorieren zu können. Doch wir bekommen es einfach nicht gedreht. Und Spaß macht uns das auch nicht. Wir sind mal wieder in einer Lose-Lose-Situation gelandet.

Darauf zu verzichten, die Jogginghose anzuziehen, heißt, sich professionell zu verhalten! Ich kann mir vorstellen, dass sich bei einigen von Ihnen gerade der Puls erhöht hat. »Professionell sein in der Beziehung – niemals!«, bekam ich unlängst – spontan und ungefiltert – als Reaktion auf mein Statement. Lassen Sie mich erläutern, wie ich das genau meine, und beginnen wir dafür mit einer Selbsteinschätzung:

GANZ PRAKTISCH: FRAGEN ZUR SELBSTBEOBACHTUNG UND SELBSTEINSCHÄTZUNG

◇ Wie verhalten Sie sich Ihrer besten Freundin gegenüber, wenn Sie diese (nach einem langen, fordernden Arbeitstag) treffen?

◇ Wie behandeln Sie einen sehr guten Kunden, wenn er spontan zur Tür hereinkommt und Sie eigentlich gerade etwas ganz anderes machen wollten?

◇ Wie reagieren Sie auf Ihre Chefin, wenn sie Ihnen eine Zusatzaufgabe auf den Tisch legt, obwohl Sie wahrlich schon genug zu tun haben?

◇ Und wie würden Sie reagieren, wenn die genannten Situationen so oder ähnlich mit Ihrem Partner stattfinden würden? Wie ist Ihr Ton jetzt? Wie reagieren Sie und was sagen Sie? Ist es gleich oder anders? Und wenn Sie anders reagieren – warum?

◇ Eine letzte Frage hierzu: Sie haben schlechte Laune, wer bekommt diese eher zu spüren – Ihr Partner oder Ihr Chef?

PROFI IN DER BEZIEHUNG SEIN

Meine Beobachtung ist, dass das professionelle Verhalten abnimmt, je intimer und familiärer wir mit jemandem sind. Wahrscheinlich denken Sie jetzt, dass das doch klar und logisch ist. Professionelles Verhalten und Intimität, das scheinen zwei gegensätzliche Dinge zu sein. Doch warum ist das so? Ist es uns wichtiger, den Job zu behalten als die Beziehung? Räumen wir dem guten Kunden einen höheren Stellenwert ein als dem Partner? Oder gehen wir einfach davon aus, dass eine Beziehung es »abkönnen muss«, wenn wir mal schlechte Laune haben und die rausmuss? »Zu Hause will ich sein, wie ich bin. Da möchte ich mich nicht zusammenreißen«, höre ich in diesem Zusammenhang oft. Ich frage dann nach: »Heißt das, wenn Sie sind, wie Sie sind, verhalten Sie sich launisch oder unaufmerksam? Und nur, wenn Sie sich zusammenreißen, sind Sie respektvoll und anerkennend?« Ich kann mir vorstellen, dass das erst mal alles sehr provokant klingt.

»Als ich das erste Mal hörte, dass ich mit meinem Partner professionell umgehen soll, dachte ich, du spinnst. Dann fing ich an, mein Verhalten zu beobachten, und stellte erschreckt fest, dass ich zu Hause viel respektloser agierte als bei der Arbeit. Heute ist mir bewusst, dass ich meinen wichtigsten Menschen auch am besten behandeln möchte.«
Hanna, eine Klientin

Doch je professioneller Sie mit Ihrem Partner umgehen, desto intimer wird die Beziehung. Was sich wie ein Gegensatz anhört, erklärt sich folgendermaßen: Erst einmal sei gesagt, dass Sie natürlich auch mal einen schlechten Tag haben dürfen. Die Frage ist nur, wie gehen Sie damit um? Kommen Sie nach Hause und sagen »Schatz, lass mir einen Moment, ich brauche kurz Zeit für mich«? Oder kommen Sie rein und beschweren sich erst mal darüber, »dass wieder alle Schuhe rumstehen«. Zu Hause einfach ein wenig von der Disziplin zeigen, die Sie im Berufsleben vermutlich ganz automatisch an den Tag legen – nur darum geht es. Nicht darum, wie ein Roboter zu funktionieren. Seien Sie achtsam, an welcher Stelle Sie sich wie verhalten. Wann befinden Sie es für »nötig«, sich zurückzunehmen, und wann nicht? Ganz oft ist dieses Verhalten tatsächlich eine Sache der Gewohnheit oder man hat darüber noch nie nachgedacht.

VOM RICHTIGEN UMGANG MIT SCHLECHTER LAUNE

Natürlich haben wir alle immer wieder Befindlichkeiten. Das Leben kann ja auch ganz schön anstrengend sein. Das Gemeine ist, dass die Herausforderungen mit schlechter Laune eben nicht weniger werden. Es werden nur weniger Menschen um uns herum, die uns bei der Bewältigung unterstützen könnten. Wenn bei Ihnen eine Laune im Anmarsch ist, kostet es Sie eventuell viel Disziplin, diese nicht einfach rauszulassen. Aber wenn Sie Ihren Launen freien Lauf lassen, nehmen Sie in Kauf, dass die Stimmung bei Ihrem Partner ebenfalls abrutscht. Auf Dauer wird die Qualität der Beziehung darunter leiden.

Gehen Sie besonders achtsam mit den wichtigsten Personen in Ihrem Leben um. Ihre Achtsamkeit bedarf Ihrer Disziplin. Ein achtsamer Umgang ist ein liebevoller Umgang und es ist auch eine professionelle Verhaltensweise.

Eine miese Laune ins Team zu bringen ist, als ob man sich mit Durchfall in einen vollbesetzten Whirlpool setzen würde! Igitt! Das würden wir niemals tun. Und genauso sollten wir es mit den Launen machen: niemals ins Team weitergeben. Wir sollten die Laune vorher loswerden… und dann mit klarem Kopf zu unserem Partner gehen und ansprechen, was wichtig ist, oder einfach das Leben feiern! Leichter gesagt als getan, denken Sie gerade? Das stimmt absolut. Doch es ist möglich, und wenn Sie das mit dem inneren Fokus aufs Positive erst einmal verinnerlicht haben, wird es täglich leichter.

Ich werde immer wieder gefragt:»Wo soll ich denn hin mit meinem Ärger und meiner Laune?« Emotionen runterschlucken? Nein, das funktioniert nicht, das kann sogar krank machen und in jedem Fall macht es unzufrieden. Es geht vielmehr darum, wie und wo Sie Ihren Frust platzieren und loswerden können. Natürlich ist es wenig hilfreich, den Partner anzugreifen oder Ihren Frust an ihm auszulassen. Er ist meist der falsche Adressat. Und sollte er auch mal der richtige Adressat sein, weil er der Grund für Ihre schlechte Laune ist, warten Sie auch in diesem Fall besser ab, bis Ihre erste Wut verraucht ist. Es spricht sich dann einfach besser und die Chancen auf eine Klärung der Situation oder darauf, dass Sie in Ihren Bedürfnissen gehört werden, sind bedeutend größer.

GANZ PRAKTISCH: ZUERST LAUNEN LOSWERDEN

Wie werden Sie schlechte Launen los? Haben Sie Erfahrung damit? Eine Idee?

Gut geht es über Bewegung. Sport, Holzhacken oder die Runde um den Block, bevor Sie nach Hause gehen. Oder Sie treffen sich mit der besten Freundin und sagen vorher an:»Du, ich muss heute echt mal laut schimpfen.« Dann lassen Sie den Frust raus. Oder Sie schrubben und putzen. Gehen shoppen.

Egal, was es ist – Hauptsache, es hilft Ihnen, den Ärger oder andere negative Emotionen aus dem System zu bekommen. Sobald die Laune dann bearbeitet und verabschiedet ist, sind Sie wieder Sie selbst und bereit, das Leben (und Ihren Mann) zu genießen.

DISZIPLIN IST DER SCHLÜSSEL

Wenn Sie Disziplin haben, werden Sie in Ihrer Beziehung alles bekommen, was Sie wollen. Sie entscheiden. Diszipliniert zu agieren heißt zum Beispiel:

◇ konsequent den Fokus auf den Vorzügen des Partners zu halten, nicht auf seinen Fehlern.

◇ sich selbst immer liebevoll im Blick zu behalten, auch wenn noch so viel los ist.

◇ in angespannten Situationen nicht der eigenen Gereiztheit nachzugeben.

◇ Streit zu entschärfen, anstatt die Attacke zu erwidern.

◇ sich immer neu bewusst zu machen, was zählt.

Hunderte Frauen haben mir bestätigt, dass sich die Qualität ihrer beruflichen und privaten Beziehungen extrem verbessert hat, seit sie wacher für ihre Befindlichkeiten sind und ihrem Hirn seltener die Jogginghose anziehen. Natürlich haben sie mir gesagt, dass es nicht immer leicht ist, diese Disziplin aufzubringen. Nun, ich behaupte nicht, dass es leicht ist – aber es funktioniert!

WIEDER HABEN SIE DIE WAHL

Disziplin ist nicht unbedingt beliebt. Allein das Wort ruft bei manchen sogar Abwehr hervor. Doch ohne Disziplin geht nichts – und auch wenn es kaum zu glauben ist: Disziplin macht sogar Spaß! Sie können sich nämlich mit Disziplin für Spaß entscheiden. Ob Ihnen etwas Freude bereitet oder nicht, das können

Sie selbst festlegen. So wie Sie entscheiden, der Suppe noch etwas Salz beizufügen oder nicht, so können Sie das, was Sie tun oder auch tun müssen, mit Freude machen oder ohne. An der Tätigkeit ändert sich nämlich gar nichts – nur an der Bewertung. Die Herausforderung besteht darin, kontinuierlich das zu tun, was funktioniert. Alles, was ich in diesem Buch beschrieben habe, ist Ihnen eventuell bereits bewusst. Die »Instrumente« funktionieren, wenn Sie sie anwenden. Auch und gerade dann, wenn es eng wird. Wenn Sie im Stress sind oder etwas persönlich genommen haben. Dann zeigt sich, was Sie gelernt haben und ob das Gelernte sogar schon zu einer neuen Haltung geworden ist.

Wenn Sie Ihr Verhalten und Ihre Art, mit Männern zu kommunizieren, verändern, werden sich manche in Ihrem Umfeld wundern. Männer testen lange, bis sie überzeugt sind, dass sich tatsächlich etwas verändert. Auch deshalb ist es wichtig, mit Disziplin immer weiter zu üben und dranzubleiben. Beobachten Sie genau, in welchen Situationen es Ihnen leichter fällt, Ihre Stimmungen zu drehen. Wann bleiben Sie gelassen, wann nicht?

DREI FRAGEN FÜR MEHR GELASSENHEIT

◇ Kann ich an der Situation etwas ändern? Wenn nicht, kann ich gelassen bleiben! Wenn ja, was kann ich tun?

◇ Bringt mich mein Verhalten ans Ziel?

◇ Verschlechtert oder verbessert sich durch mein Verhalten oder meine Worte die Situation?

Allein dadurch, dass Sie sich diese Fragen stellen, bekommen Sie schon einen kleinen inneren Abstand zu der herausfordernden Situation. Sie sind quasi abgelenkt und gedanklich auf einem anderen Spielfeld.

WOLLEN SIE RECHT HABEN ODER EIN ERFÜLLTES LEBEN FÜHREN?

»Der Klügere gibt nach.«
SPRICHWORT

Am liebsten beides? Das habe ich mir schon gedacht. Diese Antwort erhalte ich meistens auf diese Frage. Da habe ich schlechte Neuigkeiten für Sie: Das wird nicht immer funktionieren.

Dafür gebe ich Ihnen eine Alternative: Nachgeben, den Druck rausnehmen, auf Kooperation statt auf Kampf setzen und (gemeinsam) ans Ziel kommen. Ja, er hat sich unmöglich verhalten und ja, Sie sind absolut im Recht, wenn Sie jetzt sauer und beleidigt sind. Und jetzt? Was bringt es Ihnen, recht zu haben? Sie haben die Wahl: Sie können den Druck auf ihn erhöhen, er soll jetzt endlich zugeben, dass er Mist gebaut hat! Oder – Sie nehmen den Druck raus. Indem Sie sich erst mal selbst die Frage stellen, ob es gerade ums Prinzip und ums Rechthaben geht. Wie wichtig ist es Ihnen, recht zu haben? So wichtig, dass Sie in Kauf nehmen, dass sich die Stimmung verschlechtert? Oder gibt es ein übergeordnetes Ziel? Wie erreichen Sie das in dieser Situation, durch Druck oder durch Nachgeben?

Nachgeben wird leider oft mit Aufgeben verwechselt und gilt bei vielen eher als Schwäche denn als Stärke. Doch Nachgeben hat nichts mit Aufgeben zu tun. Sie sollen weder Ihre Wünsche noch Ihre Bedürfnisse oder gar Ihre Ziele aufgeben. Ganz im Gegenteil, Sie behalten sich und Ihre wirklichen Anliegen fest im Blick. Doch Sie steigen nicht mehr in jede Diskussion, in jedes Kräftemessen ein. Sie fokussieren sich auf das, was wirklich wichtig ist. Das große Bild. Sie müssen nicht in jede Schlacht ziehen, um den Krieg zu gewinnen.

Probieren Sie die folgende Situation aus: Im Supermarkt wird eine neue Kasse geöffnet. Der Mann neben Ihnen erhöht sein Tempo, um vor Ihnen da zu sein, Sie geben selbstverständlich auch Gas. Wer wird gewinnen? Der, der mehr Dampf macht, oder? Es gibt eine Variation. Er gibt Gas, Sie erst auch, doch dann halten Sie an, lächeln und sagen: »Gehen Sie doch gern vor!« Was glauben Sie, was in neun von zehn Fällen passieren wird? Ja! Er hält ebenfalls an und sagt: »Nein, gehen Sie doch bitte zuerst!« Selbstverständlich werden Sie das Angebot dankend annehmen.

Positionen rufen Oppositionen hervor. Meistens gehen wir davon aus, dass das so sein muss. Wir wollen unsere Meinung vertreten und unsere Anliegen durchboxen. Das kostet unter Umständen Zeit, Nerven und oft genug auch die gute Stimmung.

Ein sehr einprägsames Erlebnis hatte ich vor einiger Zeit auf Mallorca. Ich trainierte dort »Wie man mit Männern spricht« mit einer Gruppe von zwölf Frauen. Es war die letzte Saisonwoche und dem gesamten Personal in unserem kleinen Strandhotel war anzumerken, dass sie keine Lust mehr hatten. Das ärgerte die Teilnehmerinnen – zu Recht. Der Service ließ tatsächlich zu wünschen übrig und so fingen einige an, sich zu beschweren. Was meinen Sie, wurde der Service darauf hin besser? Nein, schlechter. Ich hatte das Gefühl, dass man uns nun regelrecht aus dem Weg ging. Natürlich war das nicht in Ordnung und natürlich hatten wir viel Geld bezahlt und den Anspruch auf guten Service. Doch offensichtlich hat der Druck nicht funktioniert.

So sagte ich zu meinen Ladies, dass wir in dieser Woche lernen, so zu kommunizieren, dass es funktioniert. Zu den Instrumenten gehören auch das Nachgeben und das Anerkennen. Ich machte sie wach dafür, was wichtiger ist, als recht zu haben, nämlich eine gute Zeit zu haben. Also gingen wir zum Mittag in den Speisesaal mit dem festen Vorsatz, die Situation zu drehen. Wir lächelten, wir grüßten, wir sagten »bitte« und »danke« und einige der Frauen sagten etwas wie »Das war bestimmt eine lange Saison für Sie« oder etwas ähnlich Anerkennendes zu den Kellnern. Diese schauten anfangs etwas irritiert, doch im Laufe des Tages wurde die Stimmung immer besser und offener.

Und ob Sie es glauben oder nicht – am nächsten Morgen war unser Tisch im Speisesaal

Wir haben nachgegeben, nicht auf unser Recht gepocht und zu 100 Prozent Erfolg gehabt.

mit bunten Blumen dekoriert (das erste Mal in der Woche) und wir bekamen alle ein Glas Cava aufs Haus. Vergessen waren der rumplige Start und unsere Unzufriedenheit. Wir waren happy und das Personal war es auch! Und so blieb es für den Rest der Woche. Herrlich!

Wenn Sie nachgeben, ohne Ihre Ziele aufzugeben, lösen Sie einen Konflikt in Ihrem Sinne auf. Nachgeben ist stärker als Dominieren, es ist dessen Gegenteil. Wieder kommt es auf den richtigen Rhythmus und das stimmige Timing an, man darf weder zu schnell noch zu spät nachgeben.

Nachgeben ist gelebte Akzeptanz. Es schafft aus einem Gegeneinander ein Miteinander, bei dem jeder bekommt, was er will. Statt Energie und Zeit in Auseinandersetzungen zu vergeuden, die zu Blockaden führen, bringt Nachgeben Menschen und Dinge wieder in Fluss. So wie sich das Schilfgras bei starkem Sturm beugt und dann wieder aufrichtet, nutzen wir nachgebend die Energie des anderen, statt gegen sie anzukämpfen. Die gute deutsche Eiche ist das Gegenbeispiel dafür. Sie nämlich beugt sich nicht und bricht, wenn es zu stark stürmt. Zwei Menschen, die gegeneinander kämpfen, verbrauchen eine Menge Energie und kommen nirgendwohin.

GANZ PRAKTISCH:
FÜHREN DURCH NACHGEBEN

Am besten schnappen Sie sich eine Freundin und probieren diese Übung gleich aus. Runde eins: Stellen Sie sich Rücken an Rücken auf und bestimmen Sie, wer X und wer Y ist. Drücken Sie dann so stark Sie können mit Ihrem Rücken gegen die andere und versuchen Sie sie wegzuschieben. »Ich bin im Recht und ich werde mich durchsetzen« ist hierbei Ihr Mantra. Eine typische Kampfsituation also. Vielleicht haben Sie anfangs sogar Spaß an der Rangelei. Reibung erzeugt schließlich Energie. Drücken Sie weiter und weiter. Wenn Ihr Mitspieler ungefähr gleich stark und ambitioniert ist wie Sie, werden Sie merken, dass Sie zum einen nicht vorankommen (Sie gewinnen einen Fußbreit und den verlieren Sie auch wieder), und zum anderen werden Sie feststellen, dass der Kampf anstrengend und kräftezehrend ist.

Runde zwei: Sie stellen sich wieder Rücken an Rücken und drücken beide los. Dann steigt X plötzlich ohne Vorankündigung aus, indem sie zur Seite geht (X passt bitte auf, dass Y nicht fällt). Y drückt ins Leere. Eine Erfahrung, die für Y sehr unangenehm ist. Wir alle kennen solche Momente aus diversen Konfliktsituationen. Es kracht und unser Gegenüber verlässt türenknallend den Raum oder beendet das Telefonat. Das Gegenüber lässt den anderen so mit seinem Anliegen und seinen Emotionen einfach stehen und verschwindet. Eine für beide Seiten unbefriedigende Situation. (Wechseln Sie bitte die Rollen, damit beide die Erfahrung machen, wie unbefriedigend die jeweilige Seite ist.)

Runde drei: Sie beide gehen wieder in die Anfangsaufstellung Rücken an Rücken und drücken. Nach einem kurzen Moment gibt X langsam nach und lässt sich von Y schieben, denn Y drückt weiter. Sie achten beide darauf, dass Ihre Rücken zusammenbleiben. Machen Sie das zwei bis drei Minuten lang. Wer von Ihnen hatte die Führung? Wer hat die Richtung bestimmt? X, die nachgegeben hat, oder Y, die Druck gemacht hat?

X hat geführt und die Richtung bestimmt. Wenn X das nicht getan hätte, wären Sie beide womöglich gegen eine Wand gelaufen oder über den Teppich gestolpert. Y hat Druck gemacht, X hat diesen Druck als Schubkraft genutzt und Sie beide dorthin geführt, wohin X wollte. Wer nachgibt, lenkt das Tandem. Wechseln Sie auch jetzt die Rollen. Y gibt nach, X übt Druck aus …

Tauschen Sie sich über die eben gemachte Erfahrung aus und reflektieren Sie, in welchen Situationen Sie in Ihrem Leben durch Nachgeben erreicht haben, was Sie wollten.

Meine Klientin Louisa schrieb mir: »Erstaunliche Übung. Ich habe gedrückt wie blöd, um irgendwie doch die Richtung zu bestimmen. Es hat aber nicht geklappt. So wie im Leben. Dauernd Druck aufbauen geht nicht. Ich gebe jetzt mehr nach und habe weniger Konflikte. Wir finden gemeinsam eine Lösung.«

Ich finde, dass es immer sehr wichtig ist, nicht nur einen guten Kompromiss zu erreichen, sondern zu einem tatsächlichen Einvernehmen zu kommen. Wenn mir wichtig ist, dass der andere bekommt, was er braucht und will, wird es für ihn ebenfalls ein Anliegen sein, mich zu unterstützen. Macht er das dauerhaft nicht, muss ich prüfen, ob er der Richtige ist.

LIEBEN SIE, WAS ER LIEBT – AUCH WENN'S MANCHMAL SCHWERFÄLLT

Wenn Sie lieben, was er liebt, und ihn darin unterstützen zu tun, was er liebt – wird er Sie noch mehr lieben. Spielen Sie also in seinem Team und nicht gegen ihn. Wenn Sie infrage stellen, was ihm wichtig ist, stellen Sie ihn infrage. Sie bewerten ihn. Vielleicht fällt es schwer zu akzeptieren, dass es für ihn nichts Spannenderes gibt, als zweiundzwanzig erwachsenen Männern dabei zuzuschauen, wie sie einem Ball hinterherlaufen, um ihn dann in ein Tor zu schießen. Oder für Sie ist es schwer hinzunehmen, dass er lieber gemütlich ein Buch liest, als mit Ihnen tanzen oder in ein Konzert zu gehen.

Auch wenn Ihr Anspruch noch so legitim und verständlich ist, leider geht es nicht darum, dass er macht, was Sie möchten. Sondern darum, zu begreifen und zu akzeptieren, was er zu tun liebt. Ohne es zu bewerten oder gar verändern zu wollen. Auch an dieser Stelle heißt das für Sie: nachgeben. Die Folge ist ein zufriedener und starker Mann, der auch Sie glücklich machen will und wird. Und der an einer entscheidenden Stelle dann bestimmt auch einmal die Sportschau ausfallen lässt oder sein Buch auf die Seite legt.

Wenn Sie ihn oder was er liebt infrage stellen, greifen Sie ihn an. Sie bringen ihn in die Defensive und zwingen ihn in die Rechtfertigung.

Wenn Sie mit Ihren Freundinnen auf ein Glas Sekt ausgehen oder im Wald Pilze sammeln wollen, möchten Sie das bestimmt auch nicht lange rechtfertigen oder erklären, oder? Lassen Sie ihm, wofür sein Herz schlägt – ob Sie es verstehen oder nachvollziehen können, ist in diesem Falle nicht relevant.

Manchmal geht es nicht um Tätigkeiten oder Vorlieben, sondern um Menschen, die ihm nahestehen und die für uns eine echte Herausforderung sind. Hier gilt das Gleiche: Oft ist die Versuchung groß und wir würden zu gern jemanden aus seinem Team angreifen oder lieber noch rausschmeißen. Doch wenn Sie dieser Versuchung erliegen, laufen Sie Gefahr, aus seinem Team zu fliegen. Gehen Sie bitte nicht in den Wettstreit mit anderen Menschen, die er liebt. Greifen Sie sie nicht an, weder direkt noch indirekt. Wenn Sie nicht gut über bestimmte Personen reden können, müssen Sie das auch nicht. Dann reden Sie einfach gar nicht über sie. Selbst dann, wenn seine Mutter ab und zu richtig nervt oder seine Geschwister oder der beste Freund. Vielleicht hat Ihr Mann auch Kinder aus vorherigen Beziehungen.

Wenn Sie Menschen attackieren, die er mag und die zu ihm gehören, wird er das als persönlichen Angriff empfinden. Öffnen Sie Ihr Herz für diese Menschen, ist das wie eine Liebeserklärung für ihn.

Konkurrieren Sie nicht. Liebe und Zuwendung brauchen sich nicht auf. Wenn Sie die Menschen, die ihm nahestehen, achten, respektieren und vielleicht ein klein wenig lieben, wird Sie das ihm noch näherbringen.

Männer testen die Loyalität ihres Umfeldes und brauchen immer wieder die Bestätigung, dass alle in ihrem Team sind. Vor allem braucht Ihr Mann die Bestätigung, dass Sie in seinem Team spielen, dass Sie beide ein Team sind. Werden Sie seine Lieblingsmitspielerin: Gemeinsam machen Sie jedes Tor!

DON'T MULTITASK

Männer lieben ungeteilte Aufmerksamkeit. Schenken Sie ihm 100 Prozent davon, wird er es lieben, sich Ihnen mitzuteilen. Sie werden die wichtigste Person für ihn. Er wird Sie als großartige Gesprächspartnerin wahrnehmen und im Gegenzug wird er ernst nehmen und schätzen, was Sie zu sagen haben. Sie werden zu den Paaren gehören, die sich im Restaurant etwas zu sagen haben. Und viele der anwesenden Frauen werden sich fragen, wie Sie es geschafft haben, einen so kommunikativen Mann zu haben.

Häufig fällt es uns schwer, abzuwarten und eigene Meinungen zurückzuhalten. Dann unterbrechen wir. Auf Männer, die in der Regel sowieso weniger sprechen, haben häufige Unterbrechungen oft fatale Auswirkungen: Wenn Sie das ein paar Mal machen, wird er sich Ihnen noch weniger mitteilen. Sie trainieren Ihren Mann mehr zu schweigen. Das wollen Sie nicht wirklich, oder?

NUR IHR GEGENÜBER ZÄHLT

Wenn Sie mit einem Mann sprechen, gehen Sie bitte nicht innerlich die Einkaufsliste durch. Machen Sie sich keine gedanklichen Notizen, was für das kommende Wochenende noch alles zu erledigen ist. Lassen Sie sich nicht ablenken, weder vom eigenen Kopfkino noch von den Beispielen, mit denen Sie gleich Ihren Standpunkt hervorheben wollen. Sie bleiben im Hier und Jetzt, sind präsent und wach. Belohnt werden Sie mit inspirierenden Gesprächen und einem tiefen Austausch. Wundern Sie sich nicht, wenn immer mehr Männer bei Ihnen »andocken«. Die wenigsten Menschen schenken Ihrem Gegenüber diese Form der ungeteilten Aufmerksamkeit. Wenn Sie es tun, werden Sie zu einer sehr begehrten Gesprächspartnerin.

Hören Sie ihm mit Interesse zu, bis zum Schluss, und signalisieren Sie ihm, dass Sie ihm folgen. Sie kennen sicher die Regeln: Nicken, kleine zustimmende Geräusche, Blickkontakt, offene Körperhaltung. Diese Regeln können Sie aber gleich wieder vergessen. Denn wenn Sie tatsächlich interessiert an Ihrem Mann sind und an dem, was er sagt, müssen Sie an keine Regeln mehr denken. Sie werden ihm ganz automatisch all diese Signale senden, die ihm sagen: »Ich höre dir zu und ich nehme dich ernst.«

ENTSCHLOSSEN ZU EINER GLÜCKLICHEN BEZIEHUNG

»Was tue ich, was die Liebe erhält oder vergrößert oder erst glaubhaft macht? Und was tue ich, was das Wachsen der Liebe behindert oder sie im schlimmsten Falle gar zerstört? Ist meine Liebe spürbar und kommt sie bei meinem Mann an?«

FRAGEN EINER LIEBENDEN

Für fast alles im Leben werden Scheine oder Lizenzen benötigt und für fast alles im Leben werden exakte Pläne angefertigt. Niemand würde ein Haus ohne Bauplan und Architekten bauen. Keiner fährt ohne Navigationssystem in eine neue Stadt, außer es ist Teil eines Stadtspiels. Wer gründet ein Unternehmen ohne Businessplan? Mit der Beziehung halten wir es anders. Paare heiraten oder tun sich zusammen, ohne zu wissen, was sie wirklich wollen und welches Spiel sie gemeinsam aufsetzen. Die meisten haben keine Ahnung davon, was in der Kommunikation funktioniert und worauf sie im Umgang miteinander dringend achten sollten. Vielen Paaren ist das wahrscheinlich auch erst einmal herzlich egal, weil sie glauben, dass es völlig reicht, sich zu lieben. Doch lieben ist kein Gefühl, lieben ist ein Tun.

John Gottman, der bekannte amerikanische Kommunikations- und Beziehungsforscher, gründete Mitte der 1970er sein sogenanntes »Love Lab«, in dem er die Kommunikationsfähigkeit von Paaren und die Stabilität ihrer Beziehung untersuchte. Für Paare, die sich nach einem Streit ignorieren oder sich nicht füreinander freuen können, ist eine Trennung wahrscheinlich.

Partner hingegen, die dem anderen Aufmerksamkeit schenken, ihm zuhören und ihn in Entscheidungen einbeziehen, sind glücklicher und bleiben eher zusammen. John Gottmans diesbezügliche Prognosen haben eine Trefferquote von etwa 90 Prozent. Sehr überzeugend!

Also sind auch laut dem »Beziehungspapst« Gottman eine respektvolle Kommunikation und ein liebevoller und aufgeschlossener Umgang die Grundlagen für eine glückliche Beziehung.

Es ist an Ihnen – Sie haben die Wahl! Sie können sein Coach sein und dafür sorgen, dass Ihr Zweierteam ein echtes Powerteam wird und gemeinsam mehr Spaß hat. Sie können jeden Tag ein weißes Blatt vorbereiten und neugierig sein. Auf ihn, auf sich selbst, auf alles, was das Leben und die Beziehung bringen.

Wenn Sie dieses Buch aufmerksam gelesen haben, sind Sie jetzt ein gutes Stück weiter als vorher. Sie sind Ihrem Ziel, eine erfüllte Beziehung zu (er)leben, näher gekommen. Jetzt geht es an die Umsetzung. Und für nichts brauchen Sie mehr Disziplin als hierfür. Es kann Ihnen alles noch so klar und logisch erscheinen, ja, an manchen Stellen scheint es sogar simpel zu sein. Doch ob Sie Ihr Ziel erreichen, Ihren Mann besser verstehen, eine engere Verbindung zu ihm herstellen und von ihm mehr bekommen, was Sie wollen, hängt nun von Ihrer Disziplin und Ihrem Dranbleiben ab. Wow – was für eine Verantwortung! Und Sie sehen es jetzt bestimmt ebenso positiv: Was für eine Chance!

NUTZEN SIE, WAS SIE HABEN!

Nutzen Sie Ihr Wissen, Ihre Einsichten, Ihre Energie, um das zu tun, was funktioniert, und um mehr Leichtigkeit und Freude in Ihrer Beziehung zu erleben.

Kurz und bündig: Das sagt der männlicher Coach dazu

Disziplin hat ein Imageproblem. Dass wir Disziplin in erster Linie für die Dinge im Leben brauchen, die schwierig sind und sowieso keinen Spaß machen, ist ein weitverbreiteter Irrtum. Im Umgang mit Menschen und gerade in der Partnerschaft hilft Disziplin, einander mit Leichtigkeit, Freude, Spaß und Zufriedenheit zu begegnen. Also nicht »die Harten kommen in den Garten«, sondern die Leichten und Fröhlichen.

Deshalb, bitte: Lassen Sie nicht einfach undiszipliniert Ihren Emotionen und Launen freien Lauf! Fast nichts ist für uns Männer so anstrengend, schwierig und spaßbefreit wie die emotionalen Dramen unserer Partnerinnen, am besten noch gepaart mit Vorwürfen. Glauben Sie mir, Glück in der Liebe ist eher die Folge richtiger Denk- und Gesprächsgewohnheiten als ein Geschenk des Himmels. Also: Gehen Sie jeden Tag diszipliniert und dankbar an – das macht Ihnen und uns Männern das Leben leichter und für beide die Liebe schöner. Und fürs große Drama lassen Sie uns besser gemeinsam ins Kino oder in die Oper gehen.

Wer spricht da eigentlich?

Von klein auf lernen wir, was wir tun müssen, um zu bekommen, was wir wollen. Nicht immer sind diese Muster günstig. Falsche Spiele und Taktiken lenken uns davon ab, wer wir wirklich sind und wonach wir tatsächlich streben. Und auf einmal wissen wir nicht mal mehr, wer sich gerade verhält und wer gerade spricht. Bin ich das oder übernimmt ein angelerntes Muster das Ruder?

ERKENNEN SIE
IHRE MUSTER

*Unsere Mütter trafen sich mit anderen Müttern und tauschten sich
über ihre Männer aus. Was immer dort berichtet wurde,
haben wir gehört und abgespeichert.*

GESCHEHEN UNSERER KINDHEIT

Schon als kleine Mädchen lernen wir, was wir vermeintlich tun
müssen, um Aufmerksamkeit zu bekommen oder zu erreichen,
dass die Eltern, Geschwister oder Spielkameraden das machen,
was wir wollen. Genauso prägen wir uns ein, auf welches Verhalten hin uns Aufmerksamkeit oder Liebe entzogen wird. Wir
machen bestimmte Erfahrungen, ziehen unsere Schlüsse, bewusst oder unbewusst, und dann wiederholen wir die Verhaltensweisen, die vermeintlich funktionieren, und versuchen auf
Benehmen zu verzichten, das zu Liebesentzug führen könnte.
   Wir schauen uns ab, wie die Menschen in unserem Umfeld
agieren, und spielen das nach. Genauso wie wir die Geschichten
glauben, die uns über Mann und Frau erzählt werden. Ebenso
die vielen Märchen, die uns abends vorm Einschlafen vorgelesen
wurden. Der Prinz, der die Prinzessin rettet. Das arme Mädchen,
das alles tut, um ihm zu gefallen und ihn zu bekommen. Nach
den Märchen kamen die Filme…
Wir schauen uns bei alldem viele Verhaltensweisen ab, die uns
das Leben schwerer machen. Mit unserem Betragen laufen wir
Gefahr, andere zu verletzen und vorhandenes Vertrauen zu ver-
spielen. Wir verlieren uns selbst und wissen nicht mehr, wer wir
wirklich sind und wie wir eigentlich agieren wollen.

FRÜHE PRÄGUNGEN

Moni will im Supermarkt Süßigkeiten. Sie schmeißt sich auf den Boden und schreit. Ihre Mutter hält das Theater nicht aus und beugt sich. Moni hat den Dreh schnell raus, wie sie an Süßigkeiten kommt. Wahrscheinlich wird sie sich als erwachsene Frau nicht mehr auf den Boden schmeißen. Doch dass Druckmachen zum Ziel führt, hat sie mit Sicherheit abgespeichert.

Pauline will eine Geschichte erzählen, doch keiner hat Zeit, ihr zuzuhören. Sie fängt an zu schluchzen und zu weinen. Wie durch ein Wunder hat sie nun die Aufmerksamkeit aller Erwachsenen um sie herum.

Mia will teure Turnschuhe, ihre Eltern wollen sie ihr nicht kaufen. Mia schmollt tagelang. Die Eltern halten das nicht aus und Mia bekommt die Schuhe.

Sabine möchte mit der X-Box ihres Bruders spielen, er gibt sie nicht her. »Dann erzähle ich Mama, dass du gestern Geld aus ihrem Geldbeutel genommen hast.« Sabine stellt fest, dass Erpressung funktioniert.

Franzi ist auf eine Kostümparty eingeladen und geht als Prinzessin. Sie bemerkt freudig erstaunt, dass auch die wilden Jungen sie plötzlich bewundern. Sie lernt, dass sie als Prinzessin anders behandelt wird.

Aurelia erlebt, wie ihre Mutter sich durchs Leben kämpft. »Wir brauchen niemanden, wir schaffen das allein.« Als erwachsene Frau tut sich Aurelia schwer, wenn ihr jemand die Tür aufhält. Sie steht oft vor verschlossenen. Um Hilfe bitten geht überhaupt nicht. Lieber bekommt sie nicht, was sie will.

Als größere Mädchen sehen wir dann entsprechende Filme oder Serien, »Bridget Jones«, »Pretty Woman« oder »Sex and the City«. Einmal auf dem Balkon stehen, einen Strauß Rosen und einen Antrag bekommen oder endlich Mr. Big in die Arme fallen. Es gibt Hunderte Variationen, das Leben verstreichen zu lassen und auf den Märchenprinzen zu warten. »Der eine wird kommen, mich retten und dann wird alles für immer gut sein.« Das sehen wir, das lesen wir und lernen wir. Und wir lernen, dass es ohne Drama kaum geht.

Sind wir dann erwachsen, besprechen wir diese Dinge mit den Freundinnen oder besten Freunden. Nicht mit dem Partner, den es angeht. Strategien werden entwickelt, Spiele choreografiert. Zu selten geht es darum, direkt in Richtung Mann zu formulieren, was frau sich wünscht, und noch seltener darum, neugierig auf den Partner zu sein.

Die Filme mit viel Herzschmerz, Drama und dem unvermeidlichen Happy End machen Spaß und sind unterhaltsam. Doch das dort gezeigte Verhalten funktioniert in der Realität nicht. Das ist uns allen klar und trotzdem entstehen Bilder im Kopf und Sehnsüchte, der Wunsch nach dem Retter oder die Annahme, dass zickiges Verhalten zum Ziel führt.

Drama in der Beziehung führt zu nichts anderem als weiterem Drama.

Im Folgenden gehe ich auf einige der typischsten Muster und Spiele ein. Sie sind mir bereits während meiner Ausbildung zur systemischen Paartherapeutin und dann zum Beziehungscoach begegnet und später natürlich in den unterschiedlichsten Varianten bei meinen zahlreichen Kommunikationstrainings für Frauen. Ich finde es großartig, wenn Sie bereit sind, sich darauf einzulassen! Sie werden entdecken, wer bei Ihnen ab und zu wie spricht, das heißt, in welches Muster Sie hin und wieder fallen. Wenn Sie sich in einigen der Beispiele wiedererkennen, tun Sie das mit ganz viel Humor und einem liebevollen Blick. Sie waren ein kleines Mädchen, als Sie das eine oder andere Spiel entwickelt oder abgeschaut haben. Sagen Sie:»Ist ja interessant, was ich so alles mache.« »Wie gut, dass ich das jetzt sehe und erkenne – time for change.« Jede Veränderung fängt damit an, dass man erst einmal weiß, was man überhaupt tut. In diesem Fall heißt das, dass Sie erkennen, welche

Spiele Sie spielen, bewusst oder unbewusst. Welche Spiele wenden Sie an und in welche Muster stolpern Sie einfach so herein, weil Sie es eben gewöhnt sind.

Vergessen Sie nicht: Nobody is perfect – auch Sie nicht! Und das ist gut so, denn Perfektion ist nicht sexy. Es geht nie darum, perfekt zu sein oder zu werden. Es geht darum, sich selbst zu erkennen und sich selbst zu lieben. Zu verstehen, welches Verhalten funktioniert und welches nicht. Nehmen Sie Ihr Glück aktiv in die Hand, übernehmen Sie Eigenverantwortung – mit viel Selbstliebe und Humor. Der Effekt für Ihre Beziehung bleibt nicht aus, denn wenn Sie mit Güte auf sich schauen, können Sie auch auf Ihren Partner und seine »Fehler« mit Humor und Zuneigung blicken. Das tut Ihnen beiden gut.

EIN BISSCHEN MUT – UND VIEL HUMOR

Erkenntnis ist der erste Schritt zur Veränderung. Sie müssen sich im Spiegel sehen, um sich schminken zu können. Sie müssen wissen, was Sie tun, um künftig etwas anders machen zu können. Genau dazu dienen die kleinen Porträts auf den kommenden Seiten.

Sind Sie bereit, in den Spiegel zu schauen? Sind Sie bereit, sich in den Mustern wiederzuerkennen? Zwinkern Sie sich zu, während Sie sich betrachten!

PRINZESSIN ... ODER KÖNIGIN?

Sie wartet auf den Prinzen. Sie macht sich schön und weiß sich einwandfrei zu benehmen. Sie hofft darauf, bald glücklich gemacht zu werden – von ihrem Erlöser. Sie hat hohe Erwartungen und fällt tief, wenn er nicht kommt. Oder wenn er nicht genau so ist, wie es die vielen Märchen versprochen haben, wenn er nicht perfekt ist und alles perfekt macht. Sie wird auch sehr unglücklich, wenn er zwar kommt, aber nicht die Verantwortung für ihr Glück übernimmt, sondern vielleicht sogar anfängt, sie zu dominieren.

Es ist so romantisch, an den Prinzen zu glauben. Und manchmal passiert es ja auch, bei »Pretty Woman« zum Beispiel und bei … Nun ja, ein Beispiel aus meiner Praxis oder dem realen Leben habe ich leider nicht. Schlechte Nachrichten für alle Prinzessinnen: Die Prinzen sind ausgestorben oder existieren eben nur im Film und in Büchern. Der Heldenhafte, der nur darauf wartet, uns zu erlösen oder zu erobern. Selbst wenn er am Anfang gern den Prinzen gibt: Irgendwann wird er dieser Rolle auch müde.

Prinzessinnen benehmen sich nicht erwachsen, egal wie alt sie sind. Sie haben viele Erwartungen und hoffen, dass andere für sie und ihre Anliegen die Verantwortung übernehmen. Sie ersehnen sich, von »ihm« zur Königin gemacht zu werden, so wie Napoleon damals seine erste Frau Josephine eigenhändig zur Kaiserin gekrönt hat. Was ihr übrigens nicht viel gebracht hat. Ein paar Jahre später ließ er sich scheiden, um Marie-Louise von Österreich zu heiraten. Der Frust ist irgendwann groß und die Männer erscheinen der Prinzessin bald entweder dumm oder schlicht unfähig, sie rundum glücklich zu machen.

Prinzessin zu sein, das klingt erst mal toll, wird aber schnell langweilig und anstrengend.

Es gibt noch eine andere und viel fatalere Folge: Sie selbst glauben am Ende, nicht gut genug zu sein. Sie beginnen, sich mit anderen zu vergleichen, jagen irgendwelchen Schönheitsidealen nach und landen in der Selbstoptimierungsfalle. Viel besser wäre es, sie beginnen an sich selbst zu glauben und für sich selbst zu sorgen. Wenn sie es nicht tun – tut es keiner.

Werden Sie zur Königin

Sie wollen gute Beziehungen? Dann ziehen Sie das Prinzessin-nenkostüm aus, werfen Sie es in die Tonne. Werden Sie zur Königin in Ihrem eigenen Reich, mit Ihrem eigenen Hofstaat. Werden Sie sie selbst und regieren Sie in Ihrem Leben. Sie ent-scheiden, wer zu Ihnen gehören soll. Sie achten genau darauf, wer Ihnen guttut und wer Ihnen wohlgesonnen ist. Sie treffen die Wahl und suchen sich Ihren König aus.

Königinnen knüpfen Kontakte zu anderen Königinnen. Frauen treffen auf Frauen, die sich gegenseitig unterstützen und groß machen. Female Empowerment statt Konkurrenzdenken à la »Spieglein, Spieglein an der Wand, wer ist die Schönste im ganzen Land …«

Die Warterei auf den Prinzen hat endlich ein Ende, wenn Sie sich als Königin anerkennen.

Ein Klient, Lars, erzählte von seiner Erfahrung mit einer Prin-zessin: »Anfangs war alles super. Doch nach einer Weile konnte ich ihr nichts mehr recht machen. Und wenn ich gefragt habe, ob alles in Ordnung ist, kam immer nur ein ›Ja, alles fein‹. Ich habe aber gemerkt, dass irgendwas ist. Ich hatte immer ein schlechtes Gewissen und wusste nicht einmal, warum. Irgendwann habe ich mich zurückgezogen, ich hatte einfach keine Lust mehr, die Prin-zessin zu bedienen. Denn so kam sie mir vor, wie eine Prinzessin auf der Erbse. Sie ließ mich kommen und ich musste liefern … Was ich mir jetzt wünsche, ist eine Frau, die weiß, was sie will, und das auch sagt. Das Rätselraten habe ich satt. Und auch dieses Erobern der Unnahbaren.«

Ich beglückwünschte ihn dazu, dass er jetzt wisse, was er wolle. Ich riet ihm, der Frau, mit der er sich als Nächstes verab-reden würde, zu sagen: »Ich mag es, wenn Frauen sagen, was sie wollen.« Er könne dann allerdings auch nicht mehr den Prinzen spielen. Da musste er lachen: »Den Prinzen zu spielen, macht wirklich nur kurz Spaß, die meiste Zeit habe ich mich eher wie ein Lakai gefühlt.«

MIT STRIPTEASE ZU MEHR SELBSTBEWUSSTSEIN

Eine Zeitlang habe ich mit einer Kollegin, einer Tanz- und The-
atertrainerin, »Striptease Workshops« veranstaltet. Das war eine
ganz wunderbare und beeindruckende Erfahrung. Es waren
Frauen jeder Altersklasse dabei, die jüngste Teilnehmerin war
damals Anfang zwanzig, die älteste über siebzig, hagere Frauen
und Rubensfrauen, Frauen mit fast unberührten Körpern und
Frauenkörper, denen man die Jahre und das Erlebte ansah.
Wunderschöne Frauen.

Wir starteten immer mit der gleichen Übung. Jede Frau ging
nach vorn und stellte uns ihre »Problemzonen« vor. Den Bauch,
den zu großen Busen, den zu kleinen Busen, die breiten Schen-
kel, den dicken Po, den kleinen krummen Finger … Sie können
sich vorstellen, dass jede der Frauen mindestens ein Thema mit
sich und ihrem Körper hatte.

Es war herausfordernd, dort vorn zu stehen und auf diese Prob-
lemzone hinzuweisen. Wir gingen sogar noch einen Schritt wei-
ter. Die Frauen sollten einen Spaß aus der »Problemzonendar-
stellung« machen, indem sie maßlos übertrieben. Der Anfang
war meistens schwierig und stockte, doch in kürzester Zeit fingen
die Frauen an, sich mit ihren vermeintlichen Makeln zu über-
bieten. Die Befangenheit wurde immer weniger und der Raum
füllte sich mit Gelächter, Spaß und manchmal auch Gekreische.
Uns selbst nicht so wichtig zu nehmen und dem, was an uns
nicht perfekt ist, keinen großen Raum mehr zu geben, ist un-
glaublich entspannend.

Die zweite Phase der Übung bestand darin, dass erneut jede
Frau nach vorn kam. Diesmal sagten ihr die anderen Frauen,
was sie an ihr schön oder anziehend fänden. Gemeinsam lenk-
ten wir den Fokus auf die positiven Seiten einer jeden Frau. »Du
hast schöne Lippen«, »Deine Hände sind grazil«, »Deine Haut
wirkt wie Samt«, »Dein Lachen nimmt mich mit«, »Deine
Augen sind wie Sterne«, »Dein Busen sieht so kuschelig aus« …

Ich könnte noch sehr viele Sätze aufzählen, die mir von damals in Erinnerung geblieben sind. Und ich kann die Stimmung heute noch fühlen. Die Frauen öffneten sich gegenseitig die Augen für ihre jeweilige individuelle Schönheit. Diese offene Wertschätzung brachte das Beste aus allen Frauen hervor. Am Ende der zwei Tage hatte jede der Teilnehmerinnen eine eigene Striptease-Choreografie. Jede tanzte ihre »Nummer« den anderen vor. In völliger innerer und äußerer Freiheit. Frei von der eigenen kritischen Bewertung und ohne jegliche Bewertung durch die anderen. Können Sie sich vorstellen, wie wertvoll so eine Erfahrung ist? Frauen ohne Konkurrenz und in Kooperation. Sich gegenseitig schön machen, nicht vergleichen. Sich gegenseitig in die Größe bringen, nicht klein halten. Sich gegenseitig etwas zutrauen, nicht infrage stellen. Wenn das gelingt, gibt es für mich nichts, was mich mehr bereichern könnte, als mit Frauen zu arbeiten.

EISGÖTTIN … ODER NAHBARE?

Die Eisgöttin scheint unnahbar und oft gefühllos zu sein. Sie gibt sich unantastbar und weit entfernt von Emotionen. Hinter dieser Fassade und vermeintlichen Arroganz steckt allerdings oft eine große Unsicherheit oder auch Angst. Sie denkt bewusst oder unbewusst: »Es ist sicherer, Abstand zu halten. Wenn ich nicht in Verbindung bin, kann ich auch nicht verletzt werden. Solange ich auf meinem Eisgipfel stehe, kann außerdem niemand entdecken, wie wenig wertvoll ich mich fühle.« Natürlich ist die Eisgöttin oft sehr einsam. Sie wartet darauf, aus dieser Isolation erlöst zu werden, doch keiner traut sich an sie ran.

In der momentanen Medienlandschaft treffen wir viele dieser vermeintlich überlegenen Eisgöttinnen. Zum Beispiel verkörpern taffe Kommissarinnen in einigen Krimis diesen Typus. Sie lassen ihre männlichen und oft auch ihre weiblichen Kollegen am laufenden Band abblitzen, um eine Art Pseudoautorität und -autonomie zu zeigen. Sie sind unabhängig, brauchen nichts und niemanden. Meistens leben sie allein und glücklich sind sie selten. Taff sein und sich durchsetzen können sind zwei gute Eigenschaften. Immer wieder gibt es Situationen, in denen es genau dieser Attribute bedarf. Doch wenn es darum geht, einen Mann zu gewinnen und mit Spaß und Leichtigkeit eine Beziehung zu führen oder spielerisch ans Ziel zu kommen, dann sind diese Kommissarinnen keine guten Rollenmodelle.

Der eine oder andere Spruch kommt zwar cool daher, und wer möchte nicht auch mal cool sein? Doch mal ehrlich, der Preis dafür ist zu hoch. Keine Beziehung, wenig Freunde und viele einsame Abende.

Eisgöttinnen sind oft in ihrem Kopf voller Konzepte und Erklärungen gefangen, warum es mit Männern schwierig ist und nicht klappt – was sich ja im täglichen Leben dann auch immer wieder bestätigt und so den Kreislauf verstärkt. So werden Ängste zu Gründen rationalisiert und es ist kein Ausweg mehr in Sicht.

Werden Sie nahbar

Es braucht Mut, auf sein Herz zu hören und die Isolation aufzulösen. Wenn frau sich zu sehr schützt, widerfährt ihr wirklich nichts mehr – leider. Liebe Eisgöttin, lassen Sie das Eis schmelzen. Werden Sie nahbar für die Männer und geben Sie sich und ihnen eine Chance auf Verbindung. Wie erwähnt: Nobody is perfect! Kein Mann möchte eine perfekte Frau. Zum Glück, sonst wäre es im Leben und in der Liebe ziemlich anstrengend und langweilig.

Haben Sie den Mut, sich zu zeigen. Staunen Sie über sich und erfreuen Sie sich an allem, was Sie ausmacht. Kommen Sie sich selbst näher. Zum Beispiel hilft schon ein kleiner Zettel am Badezimmerspiegel mit dem Satz »Ich liebe dich« oder »Schön, dich zu sehen«, um Ihnen jeden Morgen ein Lächeln ins Gesicht zu zaubern. Je näher Sie sich kommen, desto näher lassen Sie ihn an sich heran. Wenn Sie sich selbst lieben, können Sie auch zulassen und glauben, dass er Sie liebt. Also: Runter vom Gipfel und sich auf Verbindung und Gefühle einlassen – nur so kann aus Eiseskälte Gluthitze werden!

MUTTER ... ODER PARTNERIN?

Die Mutter hat immer Verständnis und ist immer da. Sie tut alles dafür, um geliebt zu werden. Sie bemuttert, hegt und pflegt. Zu sein, wie sie ist, scheint ihr nicht ausreichend zu sein. Deshalb strengt sich die Mutter an, unersetzlich für den anderen zu sein. Oft ist es fehlender Mut, die eigenen Bedürfnisse offen zu benennen, einzufordern und zu leben. So werden die eigenen Wünsche als Fürsorge getarnt, um Situationen und die Beziehung zu dominieren. Sie denkt:»Nur wenn mein Partner von mir abhängig ist und ich nichts von ihm verlange, wird er mich wertschätzen und bei mir bleiben.« Liebe wird in diesem Spiel von einer wirklichen Beziehung auf Augenhöhe zu Versorgungsarbeit mit Gefälle.

Werden Sie zur Partnerin

Natürlich ist es in einer Beziehung wichtig, für den anderen da zu sein, und ja, ein Mann will manchmal auch betüttelt und bemuttert werden. Doch diese Phasen dürfen nur kurz sein. Dann werden Sie nicht zur Mutter. Es passiert leicht, dass Sie für ihn zu einer Selbstverständlichkeit werden – und er wird für Sie immer mehr zum Kind.

Was wollen Sie? Dauerhaft für ihn da sein, wenn er bedürftig ist? Wollen Sie immer gebraucht werden? Wenn Sie ihn als Mann und nicht als Kind haben möchten, hören Sie auf, ihn

Natürlich ist die »Mutter« die-jenige, die er anruft, wenn er Trost und Unterstützung braucht, doch sie ist nicht diejenige, mit der er ausgehen und mit der er wilden Sex haben möchte. Wer will das schon mit seiner Mutter oder seiner besten Freundin?

zu bemuttern. Sie müssen keine Extraleistung bringen, um geliebt zu werden. Finden Sie heraus, wer Sie sind und was Sie wollen, und sagen Sie ihm, was Sie glücklich macht. Gehen Sie auf Augenhöhe und bleiben Sie dort. Auf Augenhöhe nehmen Sie sich gegenseitig ernst. Er wird Ihnen so nicht zu viel und Sie bleiben sexy und begehrenswert. Lassen Sie sich erobern und erobern Sie ihn dann und wann. Seien Sie seine Partnerin und seine Geliebte.

SONNENSCHEIN … ODER WETTERKARTE?

Der Sonnenschein macht alle glücklich und fühlt sich für ein angenehmes Klima und gute Stimmung verantwortlich. Sonnenscheinfrauen sind beliebt und haben viele Freunde. Sie machen jeden Ort heller und freundlicher, sie liefern Wärme und ein entspanntes Gefühl. Das klingt doch endlich mal nach einem guten Spiel, oder doch nicht?

Der Sonnenschein strahlt, egal wie es ihm tatsächlich geht. »Wenn ich strahle und andere happy mache, werde ich geliebt.« Dahinter steht die Befürchtung, dass es mit der Liebe vorbei ist, wenn das Strahlen aufhört. Doch das Dauerstrahlen kostet viel Energie, es ist anstrengend und kann auch einsam machen. Denn wenn die Strahlefrau einmal nicht mehr kann, zieht sie sich zurück, bleibt allein und taucht erst wieder auf, wenn sie »liefern« kann. Das liegt auch am fehlenden Repertoire für Situationen, die nicht weggelächelt werden können und sollen.

Oft versuchen Sonnenscheine auch deshalb ständig strahlend und sendend im Mittelpunkt zu stehen, weil sie befürchten, sonst übersehen zu werden.

Nutzen Sie die ganze Wetterkarte

Lieber Sonnenschein, wir brauchen die gesamte Wetterkarte, auch graue Tage, den Regen, den Wind, das »schlechte« Wetter, um den Sonnenschein richtig schätzen zu können. Jeden Tag Torte essen ist langweilig.

Muten Sie sich zu. Finden Sie heraus, was passiert, wenn Sie einmal nicht strahlen. Es wird interessant sein zu erfahren, wer in Ihrem Umfeld neugierig auf die gesamte Wetterkarte ist. Welcher Mann möchte nur bestrahlt und beschienen werden und wer hat Lust auf eine echte Begegnung und hält damit auch eine Schlechtwetterzone aus?

Wenn Sie nicht mehr mit Strahlen beschäftigt sind, haben Sie viel mehr Kapazitäten, das Drumherum mitzubekommen. Vom Strahlen kommen Sie zum Beobachten. Sie werden feststellen, dass es sehr erholsam ist, sich eher auf das einzustimmen, was da ist, als »auf Teufel komm raus« zu lächeln. Eintunen kann auch Spaß machen – und es strengt nicht so an, wie ständig den ganzen Raum zu bespielen. Sehr schnell werden Sie auch feststellen, dass Sie ernster genommen werden, da Sie sich und Ihre Stimmungen nun selbst viel ernster nehmen. Sie geben Ihrem Partner so die Chance, Sie zu verwöhnen und Ihnen zu zeigen, dass er Sie liebt – egal wie das »Wetter« ist.

DIE NETTE … ODER DIE RESPEKTIERTE?

Immer nett sein ist ermattend – für alle Beteiligten: vor allem für Sie, die nett sind, aber auch für die, die Ihre Nettigkeit aushalten müssen. Das ist nämlich auch nicht nur schön. Die immer Netten haben die Befürchtung, nicht mehr geliebt zu werden, wenn sie nicht mehr nett sind, sondern auch andere Seiten von

Für Ihren Liebsten wird das eine langweilige Kiste – ein Gegenüber, das zwar irgendwie pflegeleicht, aber eben auch fade und uninteressant ist.

sich zeigen. Da sind sie den Sonnenscheinen ganz ähnlich. Eigene Bedürfnisse werden unterdrückt und man versucht, es dem Partner oder potenziellen Partner recht zu machen. Für Sie selbst ist das Nettsein eine sehr unbefriedigende Sache. Selten können Sie ganz Sie sein. Außerdem besteht die große Gefahr, dass unter der Nettigkeit irgendwann Ärger und Wut zu gären beginnen. Ärger darüber, dass Sie immer nett sein müssen, anstatt sein und agieren zu können, wie Sie es wollen. Dann leben Sie auf einem Pulverfass.

Wie wäre es mit (Selbst-)Respekt?

Hören Sie auf, nett zu sein. Werden Sie innerlich unabhängig von der Bewertung anderer. Schätzen Sie sich selbst. Fangen Sie an zu entdecken, was Sie können und was in Ihnen steckt. Beginnen Sie wach zu werden für das, was Sie wollen und was Sie nicht wollen. Finden Sie heraus, was für Sie wichtig ist und was nicht. Wer tut Ihnen gut und wer nicht? Und dann handeln Sie danach. Machen Sie Listen, was Sie öfter tun wollen und was seltener. Wen wollen Sie weiterhin treffen und wen nicht? Seien Sie so mutig auszusortieren. Verabschieden Sie sich von Gewohnheiten, die nicht zuträglich sind, und von Menschen, die Ihnen nicht guttun.

Seien Sie innen klar und außen freundlich. Diese Klarheit gepaart mit einem großen Lächeln, das von innen und von innerer Zufriedenheit kommt und nicht aus Nettigkeit aufgesetzt wurde, lässt Sie klare Ansagen machen. Gerade unsere unangepassten Seiten machen uns interessant, liebenswert und menschlich. Wenn alle versuchen, sich dem glatt polierten Mainstream anzugleichen, gibt es keine Typen mehr. Ecken und Kanten braucht die Liebe dringender als perfekte Fassaden.

Wenn Sie anfangen, sich selbst ernst zu nehmen und wertzuschätzen, werden das auch die anderen tun. Und für ihn ist es viel spannender, eine Persönlichkeit an seiner Seite zu haben.

Und wenn er das nicht findet, ist er vielleicht nicht der Richtige für Sie. Sie wissen doch: Nette Mädchen kommen in den Himmel – böse kommen überallhin. Wohin möchten Sie?

DAS OPFER ... ODER DIE AKTIVE?

Das Opfer ist unglaublich machtvoll. Wer hat das nicht schon erlebt in einem Familien- oder Arbeitssystem? Alles läuft so, wie es das Opfer will, da keiner schuld daran sein will, dass es ihm noch schlechter geht. Wo ein Opfer ist, da ist auch mindestens ein Täter. Als Opfer geben Sie die Verantwortung ab und machen die anderen zu Schuldigen. Opfer sind so gut wie unantastbar. »Ich bekomme sofort wieder Migräne, wenn du ...!« Wer will daran schon schuld sein?

Aber macht Opfersein Spaß? Die Frage stellt sich ein Opfer nicht – auch das Opfersein wurde gelernt oder abgeschaut, als wir sehr jung waren, und seither womöglich nicht hinterfragt. Es macht bestimmt keine Freude. Opfer machen sich selbst klein und hilfsbedürftig. In ihre eigene Größe werden sie so nicht kommen und von Potenzialausschöpfung keine Spur. Es gibt Familiensysteme, die komplett von einem Opfer dominiert werden. Keiner traut sich dagegen zu rebellieren. So werden echte Lose-Lose-Situationen kreiert. Also, wenn Sie es sich auf dem Opferstuhl vermeintlich bequem gemacht haben, erheben Sie sich, erlösen Sie sich und die »Täter«. So kreieren Sie viele Win-Win-Situationen. Es geht ganz schnell, dass wir auf dem Opferstuhl landen. Ein Beispiel: Bei einem Training stand ich mit Teilnehmerinnen während einer Pause in unserer Pausenküche und erzählte von meinem viel zu vollen Kalender und meiner wenigen Freizeit, ein wenig gestöhnt habe ich auch. Da grinste mich eine Teilnehmerin an und meinte spitzbübisch: »Und wer ist dafür verantwortlich, wer macht deinen Kalender, Nicole? Gib hier mal nicht das Opfer!« Touché!

Werden Sie aktiv

Beobachten Sie sich selbst. Fragen Sie sich in Situationen, die nicht optimal laufen, was Sie tun können, um sie zu verändern und zu verbessern? Lassen Sie die schnellen Erklärungen und Rechtfertigungen für Ihr Verhalten: »Ich konnte nichts dafür. Ich habe das nur gemacht, weil er …« Wissen Sie, was ich meine? Achten Sie auf Ihre Sprache: Sprechen Sie nicht davon, was andere mit Ihnen machen oder dass Sie durch das Tun von anderen dazu gezwungen sind, auf die eine oder andere Weise zu agieren. Überprüfen Sie Ihre Aussagen. Können Sie wirklich nicht anders reagieren? Natürlich können Sie das! Machen Sie sich bewusst, welchen Einfluss Sie auf ein Gespräch oder eine Situation haben.

WIR HABEN IMMER DIE WAHL

Neulich hatte ich eine Teilnehmerin in einem Teamtraining und wir besprachen ebendieses Thema, dass wir alle uns entscheiden können. Sie erzählte mir in der Pause von ihrer Krebserkrankung und von ihrem Entschluss, nicht zu jammern und zu hadern, sondern zu kämpfen und dankbar zu sein für jeden Tag. Chapeau!

Kennen Sie den Spruch »Take it, change it or leave it«? Wenn Sie wirklich nichts machen können, dann nehmen Sie die Situation, wie sie ist, und arrangieren sich damit. Sonst ändern Sie sie. Und wenn Sie es weder aushalten noch ändern können, dann gehen Sie. Die Option haben Sie immer. Wir leben in einer Welt, in der wir die Wahl haben. Nicht darüber, was uns widerfährt, aber darüber, wie wir damit umgehen. Den Kopf in den Sand stecken und jammern, den anderen die Schuld geben – oder im

Kopf aktiv sein, überlegen, wie wir etwas ändern können. Welche Optionen gibt es? Sie können sich in Stellung bringen und den Opferstuhl gegen ein bequemes Sofa, ein Sprungbrett oder einen Thron austauschen. Das nennt man Eigenverantwortung. Sie haben die Wahl.

TERMINATA ... ODER STERNTALERFRAU?

Die Terminata ist großartig. Sie legt los und holt sich, was sie will. Sie ist eine hervorragende Leistungsträgerin. Oft vergisst sie dabei, dass das Leben auch leicht sein kann. Sie vergisst, dass sie auch einmal entspannen muss, um leistungsfähig zu bleiben.

Manche Powerfrauen haben vielleicht als kleine Mädchen erlebt, dass ihre Mutter alleinerziehend war. Oder sie haben viele dieser Geschichten gehört, dass auf Männer kein Verlass ist. Wir Frauen mussten ja auch viel kämpfen, um dort zu sein, wo wir heute sind, und wir sind noch immer nicht gleichgestellt und da, wo wir sein wollen. Doch das ist eine andere Diskussion.

Die Herausforderung ist, über den Kampf nicht die Weichheit und Empfindsamkeit zu verlieren. Nicht zu agieren oder zu kämpfen, wie viele Männer es tun. Nicht zu übersehen, dass frau sich sehr wohl die Sterne vom Himmel holen lassen und gleichzeitig eine großartige und starke Frau sein kann. Die Terminata aber sagt: »Ich bin allein stark und brauche niemanden. Vor allem brauche ich keinen Mann.« Das kann auch ganz schön einsam werden.

Männer werden gern mal gebraucht. Und sie müssen auch wissen, wofür sie gebraucht werden. Natürlich ist es richtig und wichtig, unabhängig sein zu können. Und dass eine Frau ihren »Mann« stehen kann (was für eine seltsame Redewendung). Doch darüber dürfen auch die Terminatas nicht vergessen, dass es schön ist, sich verwöhnen zu lassen, sich den Koffer tragen und die Tür aufhalten zu lassen.

Werden Sie zur Sterntalerfrau

Geben Sie den Männern die Chance, etwas für Sie zu tun. Sie sind dabei ganz Frau und er ganz Mann. Mit dem Signal »Ich brauch dich nicht« sagen Sie auch »Du bist nicht wichtig für mich«. Oft steht eine große Männerverachtung hinter dieser Einstellung.

Nichts Großes ist je durch Einzelne entstanden. Empathie, Kooperation und Unterstützung haben uns als Menschen erst erfolgreich gemacht.

Das Leben und die Liebe – sie sind keine Solonummer, keine One-Woman-Show. Auch manche Männer trauen als »einsamer Wolf« im Business und im Leben niemandem, sie mögen damit erfolgreich sein, glücklich sind sie sicher nicht. Es braucht Mut, sich und anderen einzugestehen, dass man Unterstützung braucht – Schwäche zeigen ist dann die wahre Stärke. Seien Sie mutig, ziehen Sie die Rüstung aus, muten Sie sich zu in allen Facetten. Und genießen Sie es, nicht alles allein machen zu müssen. Sie wissen, was Sie können. Lernen Sie jetzt, Unterstützung zuzulassen.

DIVA ... ODER TEAMPLAYERIN?

Die Diva hat Bühnentalent. Sie braucht Auftritte und viel Aufmerksamkeit. Hat sie das nicht, wird alles zum Drama. Ein Streit jagt den nächsten, es geht um Leben und Tod – immer. Auch wenn nur der Fingernagel abgebrochen ist.

Es ist absolut legitim, die Aufmerksamkeit auf der großen Bühne haben zu wollen. Die besten und erfolgreichsten Entertainer haben diesen Drang und es wäre ein Verlust, wenn sie nicht den Weg in die Öffentlichkeit gesucht hätten. Es ist mutig, sich und anderen einzugestehen, dass man Aufmerksamkeit liebt und braucht. Einmal habe ich eine Teilnehmerin erlebt, die bestechend ehrlich berichtete, dass sie gern so viele Fans bei einem ihrer Auftritte hätte (sie war Künstlerin), wie bei der Beerdigung von Papst Johannes Paul II. Trauergäste waren. Wir wussten nicht, wodurch wir mehr geplättet waren: durch den Wunsch an sich oder darüber, wie offen er formuliert wurde.

Werden Sie zur Teamplayerin

Eine interessant und offen inszenierte Diva ist ein Beitrag, der andere fasziniert und ihnen die Erlaubnis gibt, sich ebenfalls zu zeigen. Die ganze Welt ist schließlich eine Bühne, auf der wir für andere spielen. Entscheidend dabei ist, dass das Stück auch dem Partner, dem Publikum gefällt, nicht nur der Diva. Die Diva als Teamplayerin – so macht sie sich und andere groß.

Augen auf bei der Auswahl des Stückes und der Besetzung.

Also, liebe Divas, Sie brauchen den großen Auftritt – Sie sollen ihn haben! Nur positiv muss er sein. Ihm und Ihnen soll er die Lichter anmachen. Setzen Sie sich in Szene, überraschen Sie ihn und sich selbst mit einer neu kreierten Rolle oder suchen Sie sich ein Betätigungsfeld, wo Ihre Energie einen positiven Einsatz findet. Und wenn Sie unbedingt einmal ein Drama inszenieren müssen, dann machen Sie es mit viel Humor – make fun out of it. Dann hat er auch Spaß und vielleicht gibt es Applaus.

Setzen Sie Ihre Energie dafür ein, etwas zu gestalten, etwas zu »bauen«. Denn Sie haben viel Energie – verschwenden Sie sie nicht für Auftritte, die keiner haben will und die Sie nur anstrengen. Vielleicht retten Sie Dramen aus einer Langeweile? Vielleicht sind Sie unterfordert? Suchen Sie sich ein interessantes Spielfeld, eines, das Sie herausfordert und das Ihnen Spaß macht. Vielleicht haben Sie sich das Divasein auch abgeschaut oder einfach gelernt: viel Drama = viel Wichtigkeit. Doch denken Sie daran – die meisten Männer lieben es nicht so dramatisch. Hochemotionale Szenen lösen den Fluchtreflex bei ihnen aus. Keine gute Voraussetzung für ein Miteinander.

VERFÜHRERIN … ODER SINNLICHE?

Die Verführerin setzt die Waffen einer Frau ein, um ihre Ziele zu erreichen. Sie verführt auch, um Selbstbestätigung zu bekommen, und hält es mit Schneewittchens Stiefmutter, die bekanntlich wissen muss:»Wer ist die Schönste im ganzen Land?« Kennen Sie das? Eine sehr schöne Frau betritt einen Raum, vielleicht auf einer Party, bei der sowohl Männer als auch Frauen anwesend sind. Mit dem Eintritt dieser schönen Frau fühlen sich die meisten anderen Frauen unwohl. Sie fühlen sich weniger attraktiv, weniger wert. Eine andere, ebenfalls sehr schöne Frau betritt den Raum und alle anderen Frauen fühlen sich ebenfalls bezaubernd und weiblich. Von der ersten Frau geht Verführung aus, sie verbindet sich ausschließlich mit den Männern im Raum, die Frauen werden nicht beachtet. Sie will Bewunderung, sie will sich zeigen. Es gibt keinen Platz für Frauenverbindung.

Beobachten Sie mal das unterschiedliche Verhalten von uns Frauen. Sie haben es in der Hand, sich aus dem großen Pool an Möglichkeiten Ihr Verhalten auszuwählen.

Die zweite Frau ist nicht im Verführungsmodus. Sie betritt den Raum und geht sofort über Augenkontakt in Verbindung mit den anderen Frauen. Sie fühlt sich wohl und lässt andere sich wohlfühlen. Sie will nicht verführen, sondern Teil des Ganzen sein. Sie fühlt sich sicher, auch ohne die Bestätigung durch die Blicke der Männer.

Die Verführerin hat von klein auf gelernt, dass Verführung allgegenwärtig ist. Dass Verführung mächtig ist. Dass sie über Verführung Aufmerksamkeit und Bewunderung erhält. Verführung bedeutet Macht. Macht über Männer. Die Verführerin entscheidet, ob sie Sex will oder nicht. Angemacht wird auf alle Fälle, mal sehen, was dann passiert… Doch Verführung stellt keine wirkliche Verbindung her. Ohne Gefühle läuft die Verführung Gefahr, bloß hohl und kalt zu sein.

Werden Sie sinnlich

Das genaue Gegenteil ist, wirklich attraktiv, also anziehend oder richtiggehend magnetisch zu sein. Und das durch natürliches Charisma, im Reinen mit sich und neugierig auf die anderen. Sie rennen dabei auch nicht länger einem Schönheitsideal hinterher, um sich gut und liebenswert zu fühlen. Natürlich macht es Spaß zu verführen – das gehört zum Spiel von Männern und Frauen. Wenn es ein Spiel ist, das beiden gefällt. Wenn es ein Spiel ist, das Verbindung baut und nicht nur der Zielerreichung und der Macht dient.

Manchmal melden sich Frauen bei meinem Training an, die denken, dass man dort lernt, wie man Männer besser manipulieren kann. Sie gehen davon aus, dass Verführung ein wichtiges Tool dabei ist. Das ist nicht mein Ansatz!

Zentrale Aspekte im Leben und in der Liebe gehen an einer Verführerin vorbei, da sie zwischenmenschliche Begegnungen sehr eindimensional wahrnimmt und gestaltet. In einer festen Beziehung geht so schnell der Gesprächsstoff aus und Langeweile droht. Denn was folgt, nachdem die schöne Frau mit dem auserwählten Mann im Bett war? Dann ist nicht selten Leere angesagt, Langeweile, es gibt weder Gesprächsstoff noch interessante Hobbys oder Anschauungen zu teilen. Auf Dauer tragen Neugier, Wertschätzung und gemeinsame Interessen eine Beziehung. Sie sind auch wesentlich haltbarer als rein äußerliche Vollkommenheit – ganz ohne Botox und Schönheitschirurgie.

Die Verführung als Spiel zwischen Mann und Frau, das beiden gefällt und die Beziehung stärkt und bereichert, ist ganz wunderbar. Spielen Sie und verführen Sie, so viel Sie wollen und können. Wenn die Verführung nicht länger Mittel zum Zweck ist, entsteht wirkliche Intimität und Verbundenheit. Genießen Sie die Magie, die zwischen Mann und Frau entstehen kann, und genießen Sie es, ganz frau zu sein. Nichts ist verführerischer als eine Frau, die ihre sinnliche Weiblichkeit lebt, ohne sie für Verführungszwecke einzusetzen.

HILFLOSE ... ODER SELBSTBEWUSSTE?

Die Hilflose bekommt Unterstützung und wird dabei doch meist nie richtig für voll genommen. Ein hoher Preis dafür, dass ihr etwas erledigt wird oder sie etwas bekommt. Sehr wahrscheinlich würde sie ihr Ziel auch erreichen, wenn sie klar und charmant danach fragen würde. Doch als Hilflose hat sie gelernt, dass nur auf einen Hilferuf Hilfe folgt. Sie hat aus dem Auge verloren, was das aus ihr macht.

Ganz fatal ist, dass sie einen Mann anziehen wird, der gern hilflose Frauen um sich hat und alles kontrolliert. Damit erhöht ein solcher Mann seinen Selbstwert: Er hilft ihr und hält sie garantiert davon ab zu wachsen. Dann nämlich wäre er in der Relation nicht mehr so groß. Was meinen Sie – macht dieses Spiel auf Dauer Spaß? Bestimmt nicht. Der Hilflosen nicht, da sie gezwungen ist, unselbstständig zu sein, und auch ihm wird es irgendwann langweilig oder er fühlt sich ausgenutzt.

DER HELD UND DIE SCHÖNE

Zahlreiche Filme im Strickmuster der alten »James Bond«-Filme funktionierten nach dem Prinzip: Männlicher Held rettet hübsche hilflose Frau. Die Rolle der Frau beschränkte sich meist darauf zu kreischen, sich die Hände vor die Augen zu halten oder wehrlos ausgeliefert zu sein – und natürlich sich nach der Rettung selig in die Arme des Erlösers fallen zu lassen. Das Aufgefangenwerden kann schon Spaß machen. Zumindest zeitweise. Aber noch besser ist es, wenn beide einen Anteil am Erfolg haben und sich dann happy und siegreich in die Arme fallen. Ich persönlich finde es sehr erfrischend, dass es mittlerweile auch viele Filmheldinnen gibt.

Werden Sie zur Selbstbewussten

Werden Sie also zur Heldin in Ihrem eigenen Spielfilm. Spüren Sie Ihre Kraft, gewinnen Sie ein Gefühl für Ihren Willen. Und dann formulieren Sie, was Sie wollen.

Wenn Sie nicht länger als »die Hilflose« sprechen oder agieren wollen, arbeiten Sie an Ihrem Selbstwert. Halten Sie Ihren Fokus auf Ihren Stärken und übernehmen Sie Stück für Stück immer mehr Verantwortung für das, was Sie wollen.

Trauen Sie sich jeden Tag etwas mehr zu und umgeben Sie sich mit Menschen, die an Sie glauben und Ihnen ebenfalls etwas zutrauen. Schon nach kurzer Zeit werden Sie feststellen, dass Sie gewachsen sind und viel mehr können, als Sie dachten.

Wählen Sie einen Mann aus, der Ihre Größe nicht nur akzeptiert, sondern fördert. Dann ist es ein starker Mann, der Lust auf eine selbstständige und starke Frau hat.

Machen Sie die Übungen, die Sie im Kapitel zum Instrument Anerkennung kennengelernt haben. Üben Sie regelmäßig und mit Disziplin, dann werden Sie schnell nachhaltige Veränderungen bemerken. Nehmen Sie Herausforderungen an, erst kleine und dann immer größere. Mit jeder Herausforderung werden Sie ein Stück größer. Erkennen Sie sich dafür an: für jede noch so kleine angenommene Herausforderung. Achten Sie dabei darauf, wie Sie sich fühlen. Erzählen Sie von Ihren Erfolgen (und ein Erfolg ist es schon, etwas Schwieriges probiert zu haben. Das Ergebnis ist an vielen Stellen tatsächlich unerheblich. Ist es positiv, umso besser, wenn nicht – die Aktion zählt bereits).

Und dann Obacht: Bevor Sie zur Terminata werden, halten Sie inne. Denn natürlich ist es immer noch erlaubt und gern auch gewollt, dass Sie sich die Sterne vom Himmel holen lassen – oder alles andere, was Sie wollen. Sie kommunizieren als selbstbewusste und großartige Frau, die sich liebend gern auf Händen tragen lässt.

WARUM DIE ALLE GAR NICHT
SPRECHEN MÜSSTEN

Kam Ihnen eines der Muster bekannt vor? Oder mehrere? Haben Sie erkannt, wer bei Ihnen so alles am Start ist und manchmal das Ruder übernimmt? Meistens sind wir in mehreren Rollen und Mustern gefangen – und Sie erinnern sich: Das ist ganz normal! Als wir klein waren, konnten wir das noch nicht reflektieren. Wie gut, dass wir jetzt als erwachsene Frauen dazu in der Lage sind. Doch egal, wer spricht und welches Spiel gespielt wird: Sie sind alle unproduktiv, funktionieren nicht wirklich und sind letztlich überflüssig. Diese Spiele bringen Sie nicht in Ihre Größe! Es sind Angewohnheiten und Muster, die verhindern, dass Sie Sie sind.

Die gute Nachricht ist: Was man sich angewöhnt hat, kann man sich auch wieder abgewöhnen oder umgewöhnen. Aus Mustern, die Sie bei sich selbst erkennen, können Sie aussteigen. Das ist nicht immer leicht und geht auch nicht von allein. Doch es geht. Sie müssen aufmerksam sein, sich selbst beobachten und entsprechend reagieren.

Sie müssen gegensteuern, wenn Sie merken, dass Sie gerade in gewohnte Rollen zurückfallen. Sie brauchen weder die eine noch die andere Rolle!

Zu bekommen, was Sie wollen, geht ohne Spiele und Muster viel einfacher. Ohne Umwege und ohne Verstellung. Alles, was Sie brauchen, ist ein stabiler Selbstwert und dass Sie an sich glauben. In diesem Buch haben Sie viele Werkzeuge dafür kennengelernt. Erlauben Sie sich, nicht perfekt zu sein. Genauso, wie Sie sind, sind Sie okay.

Sie wissen, was Sie wollen, oder Sie finden es heraus. Sie machen sich bewusst, welche Stärken und Qualitäten Sie haben. Und Sie wenden an, was Sie hier gelernt haben und was Sie sowieso schon können. So werden Sie zur Königin und bestimmen die Regeln in Ihrem Leben. Auf Augenhöhe und mit einem

ERKENNEN SIE IHRE MUSTER

Augenzwinkern machen Sie dem Mann Ihres Herzens eine klare und konkrete Ansage, die er auch hören und nehmen kann. Wer will da noch in eine andere Rolle schlüpfen oder ein Kostüm tragen, das längst zu klein geworden ist?

Sie sind kein Mädchen mehr. Sie sind eine erwachsene Frau. Sie sind es wert, das Leben zu führen, das Sie sich wünschen. Vermutlich haben wir nur dieses eine Leben und das ist zu kurz, um uns infrage oder hintanzustellen.

Früher bin ich selbst von einem Spiel ins nächste übergegangen. Ich konnte erst ein Drama hinlegen und dann direkt ins Opfer übergehen. Die Terminata kannte ich ebenfalls gut – ich brauchte niemanden, schließlich war »auf keinen Mann Verlass« und so weiter. Heute ist das anders. Ich weiß, wer ich bin, was ich kann und was ich will. Es macht mir Spaß, ich zu sein. Zu sagen, was ich will, und dabei leicht zu bleiben. Natürlich rutsche ich ab und zu noch in das eine oder andere Muster. Der Unterschied zu früher ist, dass ich es merke und mich entscheiden kann, damit aufzuhören.

SÄTZE, DIE IHNEN ERLAUBEN, SO ZU SEIN, WIE SIE SIND

◇ Ich bin gut so, wie ich bin.

◇ Ich bin stolz auf mich.

◇ Ich darf Fehler machen.

◇ Ich darf wollen.

◇ Ich darf mich so zeigen, wie ich bin, mit allen Stärken und Schwächen.

◇ Ich bin liebenswert.

HÄUFIG GESTELLTE FRAGEN

Wünsche und Bedürfnisse sind individuell. Und doch gibt es Verwandtes bei allen Frauen und allen Männern.

Im Laufe der letzten zwanzig Jahre, in denen mein Mann und ich mit Paaren und Einzelpersonen zum Thema Partnerschaft gearbeitet haben, sind uns viele Fragen gestellt worden. Die häufigsten haben wir hier zusammengetragen. Sie fassen ganz gut zusammen, was wir an Anliegen gehört und verstanden haben.

FRAGEN DER MÄNNER – UND ANTWORTEN VOM WEIBLICHEN COACH

Die Fragen der Männer wurden von mir beantwortet. Ich bringe dabei auf den Punkt, was ich als Coach und Trainerin weiß und was mir Frauen erzählt und rückgemeldet haben.

Was macht sie glücklich?

Beobachten Sie, wann sie strahlt, schenken Sie ihr diese Form der Aufmerksamkeit. Fragen Sie: »Was macht dich glücklich?« oder »Was kann ich für dein Glück tun?« Fragen Sie immer wieder, denn ihre Wünsche und Bedürfnisse ändern sich gelegentlich. Was uns Frauen gestern gefallen hat, gefällt uns nicht zwangsläufig auch heute. Wenn Sie wissen, was sie glücklich macht, unterstützen Sie sie dabei, sich genau das ins Leben zu holen.

Gibt es etwas, was wir Männer prinzipiell anders machen sollten?

Prinzipiell sage ich: Mehr reden! Teilen Sie sich mit. Uns etwas zu erzählen bedeutet ja auch, dass wir Ihnen »wichtig« sind. Außerdem lieben wir es, gesehen zu werden – also schenken Sie der Frau in Ihrem Leben ganz viel Aufmerksamkeit.

Was soll ich noch alles tun, damit sie zufrieden ist?

Das Richtige natürlich! Scherz beiseite – fragen Sie mehr nach, was sie will und braucht. Nicht gleich loslegen, manchmal wollen wir Mädels einfach nur erzählen. Wir nehmen so auch Kontakt auf und gehen in Verbindung.

Warum sagt sie nicht einfach, was sie will?

Weil sie es manchmal vielleicht selbst nicht so genau weiß. Eventuell ist es nicht in ihrem Repertoire zu sagen, was sie möchte. Oder sie weiß nicht, dass es so leicht sein kann, zu sagen und zu bekommen, was sie will. Nehmen Sie das mit Humor und fragen Sie einfach nach! Geduld hilft. Und nicht gleich mit Vorschlägen kommen (das mögen die Männer ja auch nicht so gern).

Hinzu kommt, dass wir Frauen ab und zu noch dem Irrglauben erliegen, dass »er schon weiß, was wir wollen, wenn er uns richtig liebt«. Zeigen Sie Nachsicht dafür und erinnern Sie uns daran. Wir lernen schon noch, dass die Männer unsere Gedanken nicht lesen können, auch wenn sie uns von Herzen lieben.

Was ist mit der Leidenschaft passiert?

Leidenschaft kann sich verändern. Und sie kann wieder entfacht werden. Sind Sie noch neugierig auf sie und auf das, was sie mag und wovon sie träumt? Was lieben Sie an ihr? Was finden Sie besonders begehrenswert und wann haben Sie ihr das zuletzt gesagt?

Haben Sie der Leidenschaft genug Zeit eingeräumt? Oder nimmt der Fernseher oder PC mittlerweile zu viel Raum ein? Laden Sie sie auf ein überraschendes Date ein. Zeit nur für Sie beide…

Ist Sex für Frauen irgendwann nicht mehr wichtig?

Sex ist allen Frauen, die ich kenne, wichtig. Oft brauchen wir erst eine gute Verbindung zu unserem Partner und dann kommt die Lust. Bei Männern ist das meist andersherum. Sie haben auch ohne Verbindung Lust auf Sex, sie fühlen sich dann nach dem Sex sehr verbunden mit ihrer Partnerin. Sagen Sie ihr, dass Sie sie sexy und begehrenswert finden! Fragen Sie nach ihren Wünschen!

Wie kann ich wissen, ob sie meinen Rat oder einfach nur jammern will?

Das können Sie nicht wissen – oft wollen wir Frauen einfach nur erzählen, vielleicht auch mal jammern. Doch sie möchte Ihre Aufmerksamkeit. Um sicherzugehen, was sie von Ihnen erwartet, fragen Sie sie einfach, was sie braucht. Ihr Ohr, Ihre starke Schulter oder Ihre hilfreiche Hand? Sobald Sie mehr fragen, werden Sie mehr erfahren, und sie gewöhnt sich daran zu sagen, was sie will.

WAS FRAUEN OFT VON MÄNNERN WOLLEN

Aufmerksamkeit, ernst genommen werden, Verbindlichkeit, Verlässlichkeit, Zuwendung, dass Männer reden, dass Männer zuhören, gesehen werden, einen Gentleman, keinen Gentleman, Absprachen, die eingehalten werden, die Sterne vom Himmel, die richtigen Sterne vom Himmel, mal schwach sein können, stärker als er sein dürfen, verwöhnt werden, überrascht werden.

FRAGEN DER FRAUEN – UND ANTWORTEN VOM MÄNNLICHEN COACH

Die Fragen der Frauen wurden von meinem Mann und Business-partner beantwortet. Er trägt in seinen Antworten ebenfalls sein Know-how sowie die Anregungen und Wünsche vieler Männer zusammen, mit denen er gearbeitet hat.

Er sieht mich nicht – warum?

Zugegeben, wir Männer haben da eine fatale Sehstörung: Den kleinsten Kratzer am Auto sehen wir, war unsere Liebste beim Friseur, ist es hingegen Glückssache. Das ist kein Desinteresse, eher eine Wahrnehmungsstörung, gegen die wir nur mit An-strengung, Training und am besten mit beidseitigem Humor an-kommen. Meist sind Männer klar in ihrer Entscheidung für ihre Frau. So kommen sie gar nicht auf die Idee, wie wichtig Auf-merksamkeit und Bestätigung für die Verbindung sind.

Warum sieht er nicht, was ich will – ist es ihm egal?

Sie haben kein Display auf der Stirn, von dem er Ihre Wünsche ablesen kann. Was für Sie völlig klar ist, ist ihm sicher schlei-erhaft. Glauben Sie mir, jeder Mann, der seine Partnerin liebt, möchte sie glücklich machen – wenn er nur wüsste, wie. Deshalb: Sagen Sie, was Sie wollen. Er wird sich für Sie ins Zeug legen.

Wie bekomme ich ihn dazu, mehr zu reden?

Nicht durch Druck und Ausfragen! Nicht durch Vorwürfe und Schmollen! Wissen Sie, worüber und wann er gern redet? Las-sen Sie ihn auch mal zu Wort kommen oder sind Sie ständig am Reden? Da die meisten Männer Spiele mit Regeln lieben – setzen Sie eins auf:»Für jede gute Geschichte von dir gibt's …«

Wie merke ich, dass ich ihm wichtig bin?

Da müssen Sie öfter mal um die Ecke denken. Viele Männer haben eine Art fürsorgliches »Hausmeistersyndrom«, nach dem Motto: »Am Wochenende habe ich unter Einsatz meines Lebens die Dachrinne repariert, das habe ich für meine Frau und meine Familie getan.« Während er hart und lange für Sie in der Firma schuftet, denken Sie »Der Job ist ihm wichtiger als ich«. Zeigt Ihr Partner sein Interesse an Ihnen eher indirekt, fragen Sie ihn nach seinen Beweggründen – und äußern Sie Ihre Wünsche.

Warum soll ich mich um alles kümmern?

Sollen Sie gar nicht! Tun Sie nur, was Sie wollen, für richtig halten und als Erstes das, was Ihnen Freude bereitet. Und dann schauen Sie mal, was passiert.

Wie bleibt meine Beziehung spannend?

Wie das Leben, so die Liebe. Ist das Leben für Sie ein Abenteuer und stellen Sie sich den anstehenden Herausforderungen, dann prickelt es auch wieder in Ihrer Beziehung. Auf zu neuen Ufern!

WAS MÄNNER OFT VON FRAUEN WOLLEN

Anerkennung, Humor, auch mal in Ruhe gelassen werden, nicht so viel reden, Verständnis dafür, dass sie nicht reden, Sex, Flexibilität, Interessen teilen, dass sie an ihn glaubt, nicht alles persönlich nehmen, weniger kritisiert werden, endlich mal was richtig machen, eine Frau, die happy ist, klare Ansagen und nicht raten müssen, Dialog auf Augenhöhe, auch mal recht haben.

BLEIBEN SIE DRAN!

Sie sind der wichtigste Mensch in Ihrem Leben!
Ihre Akkus müssen voll sein. Dann können Sie sich ganz darauf einlassen,
alle fünf Instrumente anzuwenden und mit ihnen zu spielen.

MEIN CREDO FÜR SIE

Sie haben jetzt alle Instrumente, um klar und wertschätzend zu kommunizieren und spielerisch zu bekommen, was Sie wollen. Bleiben Sie dran. Es ist noch nie eine Meisterin vom Himmel gefallen. Doch schon die kleinsten Veränderungen in Ihrer Haltung und Ihrem Verhalten und damit in Ihrer Kommunikation werden einen großen Unterschied machen. Freuen Sie sich über jeden kleinen Erfolg. Die Erfolge werden Sie motivieren, weiterzumachen und zur Meisterin zu werden.

Seien Sie gewiss, es wird Momente geben, da haben Sie scheinbar alles vergessen, was Sie hier gelesen und gelernt haben. Sie werden vielleicht denken, dass das mit allen Männern klappen mag, nur nicht mit Ihrem. Oder es geht Ihnen die Puste aus und Sie verlieren die Lust, weil die Erfolge auf sich warten lassen und er einfach zu lange testet, ob Sie durchhalten und der neuen Linie treu bleiben, oder, oder, oder... In Beziehungen gibt es Höhen und Tiefen und sich selbst und ihn zu coachen, ist eine große Aufgabe. Denken Sie daran: Nobody is perfect – und das ist gut so. Betrachten Sie sich (und ihn) liebevoll und mit Humor.

Eine Frau mit einer positiven Haltung, die klar kommuniziert, wird mit den Männern ihrer Wahl zuverlässige und gute Beziehungen aufbauen. Sie wird in der Lage sein, ihren Mann zu motivieren und zu Höchstleistungen zu bringen. Eine Frau, die ihre Launen und ihre Gedanken disziplinieren kann, wird bekommen, was sie will, und eine erfüllte Beziehung haben. Und wenn eine Frau bekommt, was sie will, ist sie friedlich, zufrieden und happy. Diesen Frieden spürt sie dann in ihrem gesamten Leben und bringt ihn in die Welt.

Diese Vision treibt mich an. Mit diesem Bild im Kopf und im Herzen halte ich meine Trainings, coache ich in Einzelsessions und habe ich auch dieses Buch geschrieben. Halten Sie mich auf dem Laufenden – über Ihre Erfolge und Ihre Misserfolge. Erfolgsgeschichten motivieren mich, weiterzumachen und mich dafür einzusetzen, dass Partner einander besser verstehen und lieben lernen. Ich bin ein großer Fan von Beziehungen, die Spaß machen und beide in ihre Größe bringen. Ob es gleichgeschlechtliche oder gemischtgeschlechtliche Paare sind, es steckt Musik in der Liebe!

FRAGEN FÜR DEN NÄCHSTEN SCHRITT

◇ Wie werden Sie das neu erworbene oder einfach aufgefrischte Wissen umsetzen und anwenden?

◇ Sind Sie bereit, ihn neu zu sehen, anders zu bewerten und wertschätzender mit ihm zu kommunizieren?

◇ Haben Sie Lust bekommen, verspielter zu sein? Haben Sie schon ausprobiert, ihn mit »Schatz, zieh dich aus, wir müssen reden« zu einem Gespräch zu verführen?

◇ Wie ist es mit den Anerkennungen? Ist »Heute schon anerkannt?« bei Ihnen mittlerweile das neue »Heute schon geschweppt?«?

◇ Sehen Sie die Wichtigkeit, sich selbst in den Fokus zu rücken? Und tun Sie es auch?

◇ Haben Sie die Disziplin dranzubleiben? Und macht Disziplin mittlerweile Spaß?

DIE ZEHN GOLDENEN REGELN FÜR EIN LEICHTES (BEZIEHUNGS-)LEBEN

◇ Denken Sie daran, sich selbst die Sauerstoffmaske als Erstes aufzusetzen.

◇ Laden Sie Ihre Akkus regelmäßig wieder auf: Behalten Sie im Fokus, wer und was Ihnen guttut! Machen Sie, was Ihnen guttut, und treffen Sie Menschen, die Ihnen guttun.

◇ Denken Sie daran: Perfektion ist kein Coachingtool und auch nicht sexy!

◇ Bleiben Sie neugierig auf sich selbst und auf ihn!

◇ Seien Sie verschwenderisch mit Anerkennungen für sich selbst und für ihn!

◇ Richten und halten Sie Ihren Fokus stets auf die Habenseite – bei Ihnen und bei ihm.

◇ Öffnen Sie Ihr Herz für sich selbst, für Ihre Wünsche und Sehnsüchte – für Ihre Weiblichkeit.

◇ Öffnen Sie Ihr Herz für ihn, für seine Andersartigkeit, für seine Männlichkeit, für das, was er will und braucht.

◇ Freuen Sie sich – auch ohne Grund.

◇ Spielen Sie viel.

BÜCHER, LINKS UND DANK

Jack Canfield: Kompass für die Seele, Goldmann

John Gottman und Nan Silver: Die Vermessung der Liebe, Klett-Cotta

Virginia Satir: Selbstwert und Kommunikation, Klett-Cotta

Manfred Spitzer, Wulf Bertram: Braintertainment. Expeditionen in die Welt von Geist und Gehirn, Suhrkamp

Deborah Tannen: Du kannst mich einfach nicht verstehen. Warum Männer und Frauen aneinander vorbeireden, Goldmann

Weitere Angebote der Autorin

Informationen zu den Seminaren und Coachings der Autorin finden Sie auf www.myfuture-coaching.de.

Das Trainingsprogramm »Wie man mit Männern spricht« findet sich auf www.wie-man-mit-maennern-spricht.de.

Ebenso ein Training für Paare: »Power-Paare – Wie man miteinander spricht«.

DANKE!

Es gibt dieses Buch, weil ich sehr viele »Coache« in meinem Leben habe. Menschen, die an mich glauben, die mich fordern und fördern. Vielen Dank an meinen Mann und Businesspartner, der mich an der richtigen Stelle durch Fragen wie »Bist du eine Hausfrau oder eine Geschäftsfrau?« immer wieder fokussiert. Und für 1000 andere Dinge, mit denen er mich zum Wachsen und zum Lachen bringt. An meinen Sohn, der mich, als er gerade einmal sechs Jahre alt war, nach einer Diskussion mit meinem Mann fragte: »Meinst du wirklich, dass du jetzt bekommst, was du willst?« Und der auch heute noch ein sehr guter und direkter Feedbackgeber ist. Vielen Dank an meine Mutter, die seit der ersten Stunde meiner Selbstständigkeit unverbrüchlich an mich glaubt. Vielen Dank an meinen Vater. Er ist mir ein Vorbild in Ehrgeiz, Disziplin und wie man Menschen gewinnt.

Vielen Dank an alle Frauen, die mein Training besucht haben oder bei mir im Coaching waren – für die Aufforderung zu schreiben und für das Wissen-Wollen, das Üben-Wollen, das Lesen-Wollen! Vielen Dank an meine TrainerInnen, Coache, LehrtherapeutInnen, die mich erst auf den Weg als Therapeutin, dann als Coach gebracht haben. Von denen ich viel gelernt habe und zum Teil bis heute inspiriert bin.

Vielen Dank an Andreas Fünfgeld, der mir die Tür zum GU-Verlag geöffnet hat. An Ulrich Ehrlenspiel, der mir die Gelegenheit gab, das Buch zu schreiben, und vielen Dank an Anja Schmidt, die mich als Redakteurin ganz wunderbar begleitet hat. Ihr Feedback hat das Beste aus mir rausgeholt. Vielen Dank an meine Lektorin Diane Zilliges, die dem Buch den letzten brillanten Schliff gab.

MEHR ENERGIE,
MEHR WOHLBEFINDEN!

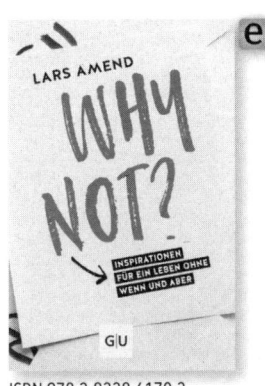

IMPRESSUM

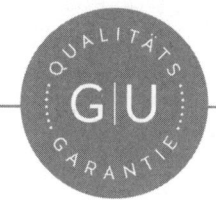

© 2019 GRÄFE UND UNZER VERLAG GmbH, München Alle Rechte vorbehalten. Nachdruck, auch auszugsweise, sowie Verbreitung durch Bild, Funk, Fernsehen und Internet, durch fotomechanische Wiedergabe, Tonträger und Datenverarbeitungssysteme jeder Art nur mit schriftlicher Genehmigung des Verlages.

Projektleitung: Anja Schmidt

Lektorat: Dr. Diane Zilliges

Umschlaggestaltung und Layout: independent Medien-Design, Horst Moser, München

Cover-Illustration: Lisa Tengmaier

Herstellung: Petra Roth

Satz: Uhl + Massopust, Aalen

Lithos: Repro Ludwig, Zell am See

Druck und Bindung: C.H. Beck, Nördlingen

ISBN 978-3-8338-7020-0

1. Auflage 2019

 www.facebook.com/gu.verlag

GRÄFE UND UNZER

Ein Unternehmen der
GANSKE VERLAGSGRUPPE

LIEBE LESERINNEN UND LESER,

wir wollen Ihnen mit diesem Buch Informationen und Anregungen geben, um Ihnen das Leben zu erleichtern oder Sie zu inspirieren, Neues auszuprobieren. Wir achten bei der Erstellung unserer Bücher auf Aktualität und stellen höchste Ansprüche an Inhalt und Gestaltung. Alle Anleitungen und Rezepte werden von unseren Autoren, jeweils Experten auf ihren Gebieten, gewissenhaft erstellt und von unseren Redakteuren/innen mit größter Sorgfalt ausgewählt und geprüft.

Haben wir Ihre Erwartungen erfüllt? Sind Sie mit diesem Buch und seinen Inhalten zufrieden? Haben Sie weitere Fragen zu diesem Thema? Wir freuen uns auf Ihre Rückmeldung, auf Lob, Kritik und Anregungen, damit wir für Sie immer besser werden können. Und wir freuen uns, wenn Sie diesen Titel weiterempfehlen, in Ihrem Freundeskreis oder bei Ihrem online-Kauf.

Sollten wir Ihre Erwartungen so gar nicht erfüllt haben, tauschen wir Ihnen Ihr Buch jederzeit gegen ein gleichwertiges zum gleichen oder ähnlichen Thema um.

KONTAKT
GRÄFE UND UNZER VERLAG
Leserservice
Postfach 86 03 13
81630 München
E-Mail: leserservice@graefe-und-unzer.de
Telefon: 00800 / 72 37 33 33*
Telefax: 00800 / 50 12 05 44*
Mo-Do: 9.00–17.00 Uhr
Fr: 9.00–16.00 Uhr (*gebührenfrei in D,A,CH)

Syndication:
www.seasons.agency

Umwelthinweis
Dieses Buch ist auf PEFC-zertifiziertem Papier aus nachhaltiger Waldwirtschaft gedruckt.